Achraf Elmghari
Younes Boutaleb

La Mise En Place D'une Solution Serveur Fax Via Lotus Notes

AF004702

Achraf Elmghari
Younes Boutaleb

La Mise En Place D'une Solution Serveur Fax Via Lotus Notes

Éditions universitaires européennes

Impressum / Mentions légales
Bibliografische Information der Deutschen Nationalbibliothek: Die Deutsche Nationalbibliothek verzeichnet diese Publikation in der Deutschen Nationalbibliografie; detaillierte bibliografische Daten sind im Internet über http://dnb.d-nb.de abrufbar.
Alle in diesem Buch genannten Marken und Produktnamen unterliegen warenzeichen-, marken- oder patentrechtlichem Schutz bzw. sind Warenzeichen oder eingetragene Warenzeichen der jeweiligen Inhaber. Die Wiedergabe von Marken, Produktnamen, Gebrauchsnamen, Handelsnamen, Warenbezeichnungen u.s.w. in diesem Werk berechtigt auch ohne besondere Kennzeichnung nicht zu der Annahme, dass solche Namen im Sinne der Warenzeichen- und Markenschutzgesetzgebung als frei zu betrachten wären und daher von jedermann benutzt werden dürften.

Information bibliographique publiée par la Deutsche Nationalbibliothek: La Deutsche Nationalbibliothek inscrit cette publication à la Deutsche Nationalbibliografie; des données bibliographiques détaillées sont disponibles sur internet à l'adresse http://dnb.d-nb.de.
Toutes marques et noms de produits mentionnés dans ce livre demeurent sous la protection des marques, des marques déposées et des brevets, et sont des marques ou des marques déposées de leurs détenteurs respectifs. L'utilisation des marques, noms de produits, noms communs, noms commerciaux, descriptions de produits, etc, même sans qu'ils soient mentionnés de façon particulière dans ce livre ne signifie en aucune façon que ces noms peuvent être utilisés sans restriction à l'égard de la législation pour la protection des marques et des marques déposées et pourraient donc être utilisés par quiconque.

Coverbild / Photo de couverture: www.ingimage.com

Verlag / Editeur:
Éditions universitaires européennes
ist ein Imprint der / est une marque déposée de
OmniScriptum GmbH & Co. KG
Heinrich-Böcking-Str. 6-8, 66121 Saarbrücken, Deutschland / Allemagne
Email: info@editions-ue.com

Herstellung: siehe letzte Seite /
Impression: voir la dernière page
ISBN: 978-3-8417-4452-4

Copyright / Droit d'auteur © 2015 OmniScriptum GmbH & Co. KG
Alle Rechte vorbehalten. / Tous droits réservés. Saarbrücken 2015

بِسْمِ اللهِ الرَّحْمنِ الرَّحِيمِ

» رَبِّ اشْرَحْ لِي صَدْرِي وَيَسِّرْ لِي أَمْرِي وَاحْلُلْ عُقْدَةً مِنْ لِسَانِي يَفْقَهُوا قَوْلِي «

سورة طه

رَبَّنَا عَلِّمْنَا مَا يَنْفَعُنَا وَانْفَعْنَا بِمَا عَلَّمْتَنَا، إِنَّكَ أَنْتَ الْعَلِيمُ الْحَكِيمُ

دعاء نبوي

DEDICACE

A mes parents.

A mes frères et sœurs.

> Vous vous êtes dépensés pour moi sans compter.
> En reconnaissance de tous les sacrifices consentis par tous et chacun pour me permettre d'atteindre cette étape de ma vie.
> Avec toute ma tendresse.
> Que dieu vous garde et vous protège.

A mes neveux et ma nièce.

> Meilleurs vœux de succès dans vos études.

A toute ma famille.

A tous mes professeurs.

A tous mes amis.

A tout mes camarades de l'Ecole Nationale Supérieure d'Electricité et de Mécanique.

Je dédie ce travail.

BOUTALEB YOUNES

DEDICACE

A ma mère (que Dieu ait son âme) la personne que j'ai tant aimé qu'elle assiste a ma soutenance, et qui m'a éclairée mon chemin en m'encourageant durant toute sa vie et en m'éclairant le bon chemin après sa mort.

A mon père qui a toujours été là pour moi, et qui m'a donné un magnifique modèle de volonté et de persévérance. J'espère qu'il trouvera dans ce travail toute ma reconnaissance et tout mon amour.

A mes grands parents : Pour leur soutien morale et leurs sacrifices le long de ma formation.

A ma sœur MANAL : exemple de courage, de responsabilité et de sacrifice

A mes frères : AMINE et AHMED.

A mes oncles et mes tantes : MUSTAPHA, MINA, NOUREDDINE, LAILA, ABDELKARIM.

A la mémoire de ma tante NAJIA (que Dieu ait son âme)

A toute ma famille.

                    Que dieu vous garde et vous protège.

A tous mes professeurs.

A tous mes amis.

A tout mes camarades de l'Ecole Nationale Supérieure d'Electricité et de Mécanique.

                                      Je dédie ce travail.

                                      ELMGHARI Achraf

REMERCIMENTS

A l'issue de ce projet de fin d'étude nous tenons à exprimer tout particulièrement notre gratitude à Madame Bakkali notre encadrant pédagogique et professeur à l'ENSEM, pour l'intérêt avec lequel elle a suivi la progression de ce travail en nous bénéficiant de son savoir faire, de ses conseils appréciables et de sa disponibilité.

Nous tenons également à exprimer notre profonde reconnaissance à notre parrain industriel Monsieur ELMARCHOUM pour ses conseils précieux et ses directives pertinentes.

Nos vifs remerciements vont aussi à la société LYDEC pour son accueil et pour les moyens qu'elle a mise à notre disposition pour réaliser ce projet.

Nous remercions également les membres du jury pour avoir accepté de participer à l'évaluation de notre travail.

Enfin nous adresserons notre dernier remerciement, mais non le moindre, à tous ceux dont nous n'avons pas cité les noms, et qui ont participé de prés ou de loin à l'élaboration de ce présent projet.

Résumé

Augmenter la productivité, réduire les couts, optimiser les dépenses, c'est l'enjeu que se fixe toute entreprise moderne en intégrant les dernières technologies de moyens de communications et d'échange d'information.

L'étude présentée dans ce rapport s'inscrit dans le cadre de notre projet de fin d'étude effectué au sein de la Lyonnaise des Eaux de Casablanca. Le sujet de ce projet a porté sur la mise en place d'un serveur de Fax couplé avec la messagerie Lotus Note.

Afin de pouvoir intégrer le serveur fax dans le réseau informatique, il a fallu tout d'abord faire l'étude du réseau existant à la LYDEC pour bien comprendre la structure du réseau téléinformatique. Cette étude nous a permis d'analyser les différentes technologies utilisées dans la communication entre les différents départements et délégations de la LYDEC.

La mise en place d'un serveur de fax nécessite l'établissement d'un cahier des charges qui répond spécifiquement aux exigences de la LYDEC en terme de sécurité et d'efficacité d'une part, et d'autre part, garantir une économie importante en terme de coût et de temps.

Avant de rédiger le cahier des charges, nous étions amenés à consulter le marché national. Ainsi nous avons pu définir les caractéristiques de chacune des solutions serveur fax proposées et identifier le matériel nécessaire pour son installation.

Après une étude d'analyse et de comparaison entre différentes solutions, notre choix a été porté sur la solution Serveur Esker Fax for Notes qui est un puissant moteur de communication qui offre un niveau de fiabilité exceptionnel.

Une fois le choix effectué la vérification de l'intégration de ce serveur fax aux systèmes d'information a été faite à travers une maquette de test.

ABSTACT

To increase the productivity, to reduce the costs, to optimize the expenditure, it is the stake which very sets undertaken modern by integrating last technologies of means of communication and exchange of information.

The study presented in this report lies within the scope of our project of end of study carried out within Lyonnais des Eaux of Casablanca, The subject of this project related to the installation of Fax server coupled with the Lotus Notes messaging.

In order to integrate the fax server in the network, it was necessary first to study the existing network of LYDEC to understand the structure of the telecommunications network. This study has enabled us to analyze the various technologies used in communication between different departments and delegations of LYDEC.

The establishment of a fax server requires a specification that meets the specific requirements of LYDEC in terms of safety and efficiency on the one hand, and secondly, to ensure an economy important in terms of cost and time.

Before writing the specifications, we were obliged to consult the national market.

Thus we could define the characteristics of each of the proposed fax server solutions and identify the necessary equipment for installation.

After a thorough analysis and comparison between different solutions, our choice has been ported to the solution server Esker Fax for Notes, powerful communication engine that provides a level of reliability.

Once the choice made for checking the integration of the fax server information systems was done through a model test.

ملخص

زيادة الإنتاجية ، وخفض التكاليف ، والنفقات إلى الحد الأمثل هو التحدي الذي تبحث عنه أي شركة تجارية حديثة تتضمن على أحدث تكنولوجيا و وسائل الاتصال وتبادل المعلومات .

هذا المشروع هو ثمرة عملنا في إطار مشروع إنهاء الدراسة و الذي أجريناه داخل شركة ليديك بالدار البيضاء، وكان موضوع المشروع تركز حول دراسة إنشاء مركز خدمة الفاكس مقرونا بلوتس نوت.

من أجل إدماج خدمة الفاكس في الشبكة، كان من الضروري أولا فهم بنية شبكة الاتصالات السلكية واللاسلكية الحالية لشبكة ليديك, هذه الدراسة مكنتنا من تحليل لمختلف التكنولوجيات المستخدمة في الاتصال بين مختلف إدارات الشركة.

يتطلب إنشاء مركز خدمة الفاكس تأسيس دفتر التحملات يلبي المتطلبات المحددة لليديك , السلامة والكفاءة من جهة و ضمان اقتصاد المهم من حيث التكلفة والوقت من جهة أخرى.

قبل الخوض في دفتر التحملات اضطررنا للبحث في السوق الوطنية, وهكذا تمكنا من تحديد خصائص كل من الحلول المقترحة لخدمة الفاكس وتحديد المعدات اللازمة للتركيب.

بعد تحليل دقيق ومقارنة بين الحلول المختلفة, تركز اختيارنا على الحل Esker Fax for Notes محرك قوي للاتصالات و يتوفر على مستوى من الموثوقية.

بمجرد اختيار الحل قمنا من التحقق من الدمج بين خدمة الفاكس ونظم المعلومات وذلك من خلال نموذج اختبار.

Liste des abréviations

TCP : (Transmission Control Protocol) protocole de contrôle de transmissions.

IP: (Internet Protocol) est le protocole d'Internet, permettant un service d'adressage unique pour l'ensemble des terminaux connectés.

STP: (Spanning Tree Protocol) est un protocole réseau permettant une topologie réseau sans boucle dans les réseaux locaux. Ce protocole fournit chemin tout en évitant la redondance des boucles indésirables dans le réseau.

OSPF : (Open Shortest Path First) Un protocole de routage, qui détermine le meilleur chemin pour le routage du trafic IP sur un réseau fonction de la distance entre les noeuds et plusieurs paramètres de qualité.

OFDM : (Orthogonal Frequency Division Multiplexing) procédé de codage numérique des signaux par répartition en fréquences orthogonales sous forme de multiples sous-porteuses, il est utilisé pour les systèmes de transmissions de données mobiles à haut débit.

LAN: (Local Area Network) est un réseau informatique couvrant une petite zone physique.

WAN : (Wide Area Network ou réseau étendu) interconnecte plusieurs LANs à travers de grandes distances géographiques de l'ordre de la taille d'un pays ou d'un continent.

RNIS : (réseau numérique à intégration de services) est une liaison autorisant une meilleure qualité et des vitesses pouvant atteindre 2 Mbit/s contre 56 kbit/s pour un modem classique.

2B+D : modèle de branchement vers un RNIS, dont les caractéristiques sont 2 voies à 64 kbps (B : informations sur la substitution de circuits) et 1 voie à 16 kbits/s (D : indication sur la substitution de paquets).

LOS : Visibilité directe.

RTPC : réseau téléphonique commuté public.

SI : système de l'information

UTP: (Unshielded Twisted Pair) câble à paire torsadées

PABX: (Private Automatic Branch exchange) Un autocommutateur téléphonique privé

IPBX : PABX IP

FOIP : (Fax Over IP) Fax sur IP

VOIP : (Voice Over IP) Voix sur IP

MAPI : Acronyme de Messaging Application Programming Interface (Interface de programmation de messagerie)

SMTP : (Simple Mail Transfer Protocol) Protocole simple de transfert de courrier

PRA2: (Primary Rate Access)

BPRA2: (Basic / Primary Rate Access)

Liste des Tableaux

Tableau I.1 : Carte visite de LYDEC 18

Tableau I.2 : Contribution des actionnaires au capital de la LYDEC 20

Tableau I.3 : Investissement de la LYDEC à la fin de 2008 21

Tableau II.1 : Nombre de poste téléphonique de la LYDEC 39

Tableau III.3 : Différentes caracteristiques de la solution Esker Fax for Notes 57

Tableau III.4 : Différentes caracteristiques de la solution RTE Fax for Lotus Note 59

Tableau III.5 : Différentes caracteristiques de la solution Serveur Fax d'ATLAS NTIC 60

Tableau III.6 : Différentes caracteristiques de la solution Esker VSI-FAX. 61

Tableau III.7 : Tableau comparatif utilisant la méthode Matrice de Compatibilité 62

Liste des Figures

Figure I.1 : Actionnariat de la LYDEC 19

Figure I.2 : Les domaines d'activité de la LYDEC 21

Figure I.3 : Organigramme hiérarchique de la LYDEC 23

Figure I.4 : Département des Système D'information 24

Figure I.5 : Organigramme de la direction DSI 26

Figure II.1 : L'intégration du périphérique au serveur fax sur IP 28

Figure II.2 : Architecture du réseau LAN du siège DOUIRI 30

Figure II.3 : Architecture des Switch du siège DOUIRI 31

Figure II.4 : Architecture du réseau WAN de la LYDEC 33

Figure II. 5 : CISCO 2800 35

Figure II.6 : Réseau téléphonique de la LYDEC 37

Figure II.7: Messagerie Lotus Notes 40

Figure III. 1 : Intérêts du serveur fax sur le réseau de l'entreprise 44

Figure III.2 : Schéma de raccordement du serveur fax 45

Figure III.3 : Protocole de communication par fax dans l'environnement de l'entreprise 46

Figure III.4 : Schéma du protocole T.38 48

Figure III.5 : Schéma du protocole T.30 48

Figure III.7 : Economie temporelle engendrée par le serveur fax 52

Tableau III.8 : Economie budgetaire engendrée par le serveur fax 52

Figure III.9 : Acheminement au moindre coût 54

Figure V.1: Maquette de test 72

Figure V.2 : Controleur RNIS 74

Figure V.4 : Carte PRA2 75

Figure V.5 : Carte PBRA2 76

Figure V.6: Installation sur le serveur Lotus Domino 80

Figure V.7 : Installation séparée 81

Figure V.8: Envoi d'un Fax à partir du client Notes 87

Figure V.9 : Réception du Fax dans le Lotus Notes 87

DEDICACE	1
REMERCIMENTS	3
Résumé	4
ABSTACT	5
ملخص	6
Liste des abréviations	7
Liste des Tableaux	10
Liste des Figures	11
Introduction générale	14
Chapitre I Présentation de l'organisme d'accueil LYDEC	16
I.1. Enjeux et Perspectives :	18
I.2. Capital et Actionnariat	19
I.3. Activités et investissement de la LYDEC	20
I.4. Organisation de la LYDEC :	22
I.5. La Direction des Systèmes d'Information :	24
Chapitre II Analyse de l'existant a la LYDEC	27
II.1. Introduction	28
II.2. Etude et Analyse Du réseau LAN :	29
II.3 Architecture et analyse du réseau WAN (annexe 1) :	33
II.4 Etude et analyse du réseau téléphonique (annexe 1) :	36
II.5 Messagerie Lotus Notes (annexe 3) :	40
Conclusion :	41
Chapitre III Choix de la solution Serveur fax	42
III.1. Introduction	43
III.2. SERVEUR FAX :	44
III.3. Les arguments plaidant pour le choix d'un serveur fax IP	49
III.4. Solution des serveurs fax	55
III.5. Comparaison entre différentes solution retenues :	61
III.6. Estimation du retour sur Investissement d'une solution serveur fax	64
Chapitre IV Cahier de charges pour la mise en place d'une solution fax via Lotus Notes	65
Chapitre V Réalisation de test pour l'installation d'un serveur fax	71
V.1. Introduction	72
V.2. Maquette de Test	72
V.3. DESCRIPTION DES DIFFERENTS MATERIELS UTILISES	73

V.4 Déroulement du test: 76

V.5 Configuration des cartes BPRA2 85

V.6 Test de la maquette 86

Conclusion : 88

CONCLUSION GENERALE **89**

ANNEXES **91**

BIBLIOGRAPHIE : **114**

Introduction générale

Dans le cadre de l'accélération des modes de communication, les entreprises concentrent leurs efforts et leurs investissements sur l'infrastructure informatique afin de résoudre des problèmes liés à l'automatisation des processus métiers et de gestion des documents.

La technologie des serveurs fax réside pleinement à l'intersection des communications, de la gestion documentaire, de l'automatisation des processus métiers.

Le serveur fax sur IP représente une excellente solution au moment même où les entreprises accélèrent leurs plans de communication utilisant le protocole internet.

C'est dans ce cadre que la LYDEC souhaite la mise en service d'une solution serveur fax couplée avec la messagerie « LOTUS NOTE » afin de remplacer l'ensemble des appareils fax (télécopieurs) de la LYDEC. Cette solution doit être intégrée avec l'environnement informatique existant.

Ce projet s'inscrit dans une démarche d'amélioration menée par l'entreprise pour intégrer les différents moyens de communication, de manière à permettre aux utilisateurs d'envoyer et de recevoir des Fax, des Emails, des messages vocaux et des messages SMS depuis un seul et même medium.

Le projet global appelé « messagerie unifiée » repose sur trois principes fondamentaux :

- Intégration intelligente et simple de tous les moyens d'échange de l'information
- Accès à l'information à tout moment et à tout endroit

- La sauvegarde et le stockage de toutes les informations selon le souhait de l'utilisateur

C'est dans cette perspective que s'inscrit notre projet de fin d'étude au sein de la LYDEC intitulé « Mise en place d'un serveur Fax pour Lotus Note »

L'intérêt majeur de ce serveur est qu'il est autonome et ne nécessite aucune intervention sur le réseau informatique de l'entreprise ou sur ses postes de travail. Contrairement aux télécopieurs traditionnels, sa grande facilité de mise en service réduit les coûts d'installation et de maintenance et assure plus de rapidité et une grande fiabilité.

Notre mission consiste à établir un cahier des charges conformes aux exigences de la LYDEC pour la mise en place d'un serveur fax.

Après une présentation succincte de l'environnement de travail "LYDEC", l'analyse de l'existant LYDEC à savoir le réseau LAN, WAN, le réseau téléphonique et la messagerie fait l'objet du deuxième chapitre.

Ensuite, une étude comparative des différentes solutions de serveur fax disponibles sur le marché national est consacrée au troisième chapitre.

Le quatrième chapitre, est réservé à l'établissement d'un cahier des charges qui répond aux exigences de la LYDEC pour l'installation d'un serveur fax.

Enfin le dernier chapitre présente la maquette de test pour la mise en service de la solution serveur fax.

Chapitre I
Présentation de l'organisme d'accueil
LYDEC

Présentation de l'organisme d'accueil

La Lyonnaise Des Eaux de Casablanca (LYDEC) est une filiale de Suez Lyonnaise des Eaux. Sa mise en service au Maroc se situe aux alentours de juillet 1997 et son activité principale reste orientée vers la distribution d'eau potable, l'assainissement liquide et l'électricité.

Actuellement la structure de l'entreprise est organisée en 7 délégations préfectorales. Qui sont : Casa-Anfa, Aïn Chock Hay Hassani, Derb Soltan El Fida, Ben M'Sik Sidi Othmane, Aïn Sebâa - Hay Mohammadi, Sidi Bernoussi Zenata, Mohammédia.

Progressivement, une plus grande autonomie sera donnée à ces délégations qui assurent le contact avec la clientèle.

LYDEC a également pris en charge depuis, janvier 2004, l'éclairage public de la Commune de Casablanca. Suite à la révision du contrat, l'éclairage public est devenu le quatrième métier de LYDEC.

Le tableau ci-dessous donne la carte visite de la LYDEC

Raison Sociale	:	LYDEC
Autorité contractante	:	Communauté Urbaine de Casablanca
Début de contrat	:	Avril 1997
Durée de contrat	:	30 ans
Nb d'employés	:	3683
Nb de branchements	:	516 000 pour l'eau, 583600 pour l'électricité.
Investissements réalisés	:	190 millions US$

Présentation de l'organisme d'accueil

Tableau I.1 : Carte visite de LYDEC

I.1. Enjeux et Perspectives :

Depuis le démarrage de la gestion déléguée, LYDEC a mobilisé tous ses moyens pour offrir un service de qualité aux habitants de la Région du Grand Casablanca et les doter en infrastructures nécessaires. Pour l'entreprise, la révision du contrat a été l'occasion de faire le bilan du passé et de procéder aux ajustements nécessaires pour l'avenir en fonction de nouveaux enjeux :

Techniques :
- Lutter contre les inondations et la pollution des côtes et des milieux récepteurs;
- Renforcer et sécuriser l'alimentation en eau et électricité ;
- Développer les infrastructures pour accompagner l'urbanisation ;
- Préserver le patrimoine réseau existant
- Perenniser les avancées réalisées en matière de branchements sociaux.

Commerciaux :
- Améliorer le taux de satisfaction de la clientèle ;
- Assurer une relation de proximité avec nos clients ;
- Améliorer la qualité de service

Sociaux :
- Faire de nos collaborateurs de véritables professionnels porteurs des valeurs et des ambitions de la société ;
- Créer une relation de confiance et de pérennité avec les partenaires sociaux ;
- Assurer au personnel les conditions optimales de succès.

Financiers :

Présentation de l'organisme d'accueil

> Trouver des montages financiers en partenariat avec l'Autorité délégante et les autres parties prenantes pour réaliser les investissements nécessaires tout en restant attentifs au pouvoir d'achat des consommateurs.

I.2. Capital et Actionnariat

Le capital de LYDEC est de 800 millions de Dirhams réparti entre actionnaires marocains à hauteur de 41% et étrangers à hauteur de 59% comme illustré dans le graphe ci-dessous :

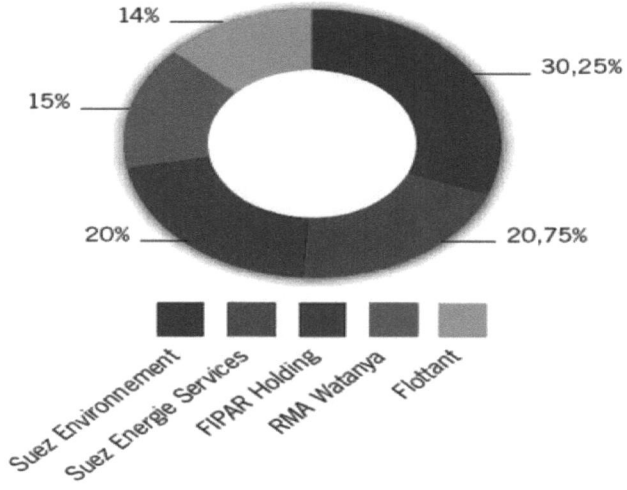

Figure I.1 : Actionnariat de la LYDEC

Cette répartition se justifie par la contribution de chaque actionnaire dans son capital, dans le tableau suivant

Présentation de l'organisme d'accueil

Actionnariat

Actionnaire	Montant en MDh	%
Suez Environnement	242	30,25
Suez Energie Services*	166	20,75
FIPAR Holding (CDG)	160	20
RMA Watanya	120	15
Flottant	112	14
Total	800	100

Tableau I.2 : Contribution des actionnaires au capital de la LYDEC

I.3. Activités et investissement de la LYDEC

A. Activités de la LYDEC

Le groupe SUEZ a confie trois de ces activités à la LYDEC à savoir l'eau, l'électricité et l'assainissement comme illustré dans la figure ci-dessous :

Présentation de l'organisme d'accueil

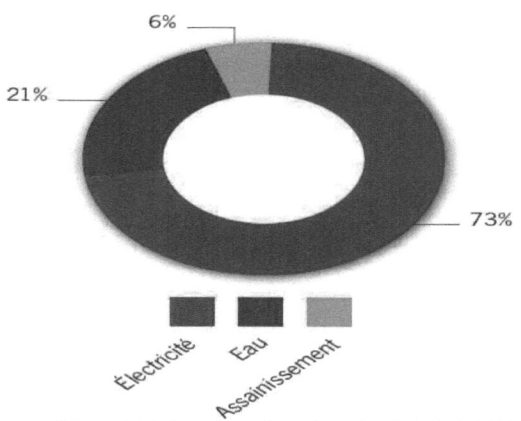

Figure I.2 : Les domaines d'activité de la LYDEC

B. Investissement de la LYDEC

Pour soutenir le développement de ses activités, LYDEC a réalisé de 1997 à décembre 2008 des investissements pour un volume de 7.726 millions de DH dont 4.406 millions de DH financés par elle-même. Et voici un tableau groupant les différents investissements de la LYDEC :

Métier	Montant	Pourcent
Electricité	2 597	33,6 %
Eau	1 747	22,6 %
Assainissement	2 520	32,6 %
Communs	862	11,2 %
Total	7 726	100 %
Dont financés par LYDEC	4 406	57 %

Tableau I.3 : Investissement de la LYDEC à la fin de 2008

I.4. Organisation de la LYDEC :

Son organigramme laisse entrevoir une structure composée de directions, de divisions, de départements et de services. Autour de la direction générale qui constitue l'organe central de l'entreprise gravitent huit directions. L'organigramme de la LYDEC peut être schématisé ainsi:

Présentation de l'organisme d'accueil

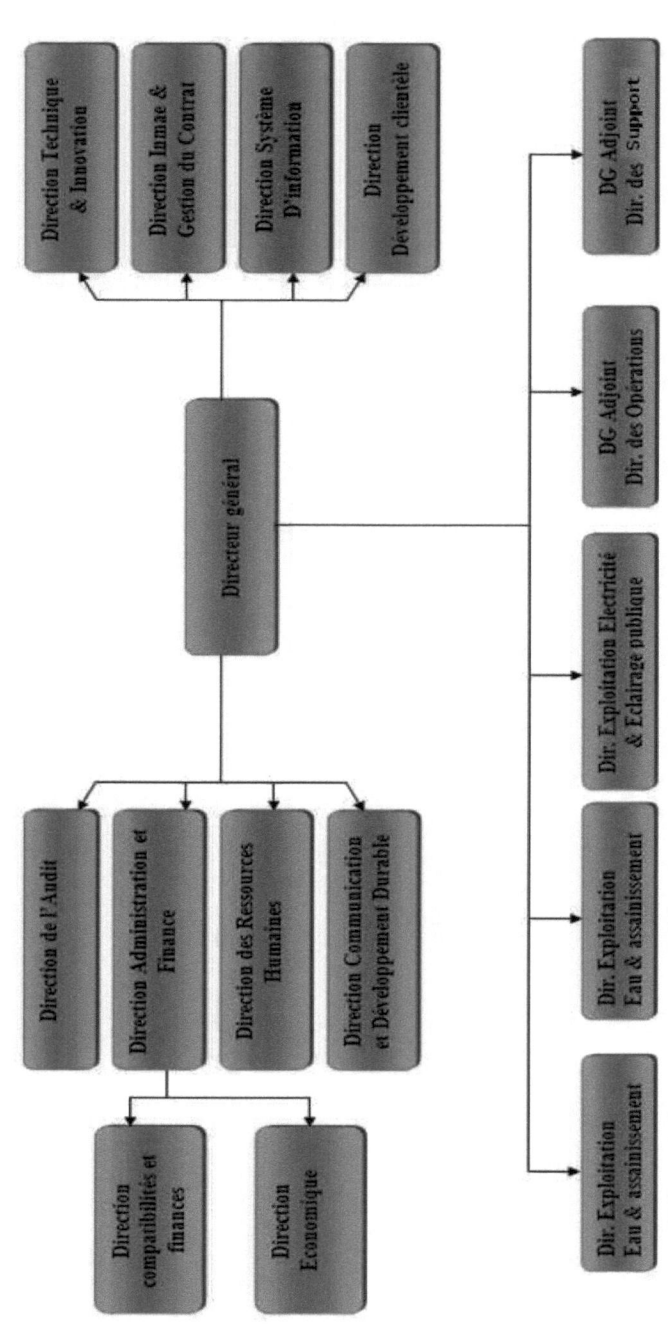

Figure I.3 : Organigramme hiérarchique de la LYDEC

Présentation de l'organisme d'accueil

Notre projet au sein de la LYDEC s'est déroulé au sein de la direction des systèmes d'information. Ainsi nous avons jugé intéressant de donner un aperçu succinct de cette dernière.

I.5. La Direction des Systèmes d'Information :

La DSI, département des systèmes d'information organisé selon l'organigramme de la figure I.4, s'occupe de la gestion de projets et l'administration de tous les supports de communication pour la totalité de la LYDEC

Figure I.4 : Département des Système D'information

Présentation de l'organisme d'accueil

La DSI assure les fonctions suivantes :
- Etude de besoins
- Quête de solutions
- Choix de la solution
- Définition des objectifs à atteindre
- Développement de ces objectifs
- Installation et suivi des étapes d'exploitation
- Formation des exploitants et des utilisateurs

Ces différentes fonctions s'inscrivent dans plusieurs domaines à savoir :

- **Radiophonie :**
    Le réseau conventionnel de 80 Mhz qui existait à l'époque de la RAD est remplacé par le nouveau système trunking (400 Mhz) destiné à la transmission de la voix.
- **Téléphonie :**
    Le remplacement des postes téléphoniques analogiques par des postes numériques afin d'assurer la transmission (donnée, voix).
- **Réseaux informatiques :**
    Durant la période de la RAD, les réseaux informatiques n'assuraient pas l'interopérabilité au niveau des abonnées et des utilisateurs. Pour cela, LYDEC a décidé d'installer un réseau WAN dans le but d'assurer un meilleur service pour la clientèle. Elle a commencé à installer une architecture à base de faisceaux hertziens (grand débit) afin d'assurer une bonne transmission des données et un gain de temps.
- **Informatique technique**
    Il assure la réalisation de deux projets clé de la LYDEC :
    - Le projet de télégestion de l'eau et de l'assainissement
    - Le projet de téléconduite de l'électricité.

Présentation de l'organisme d'accueil

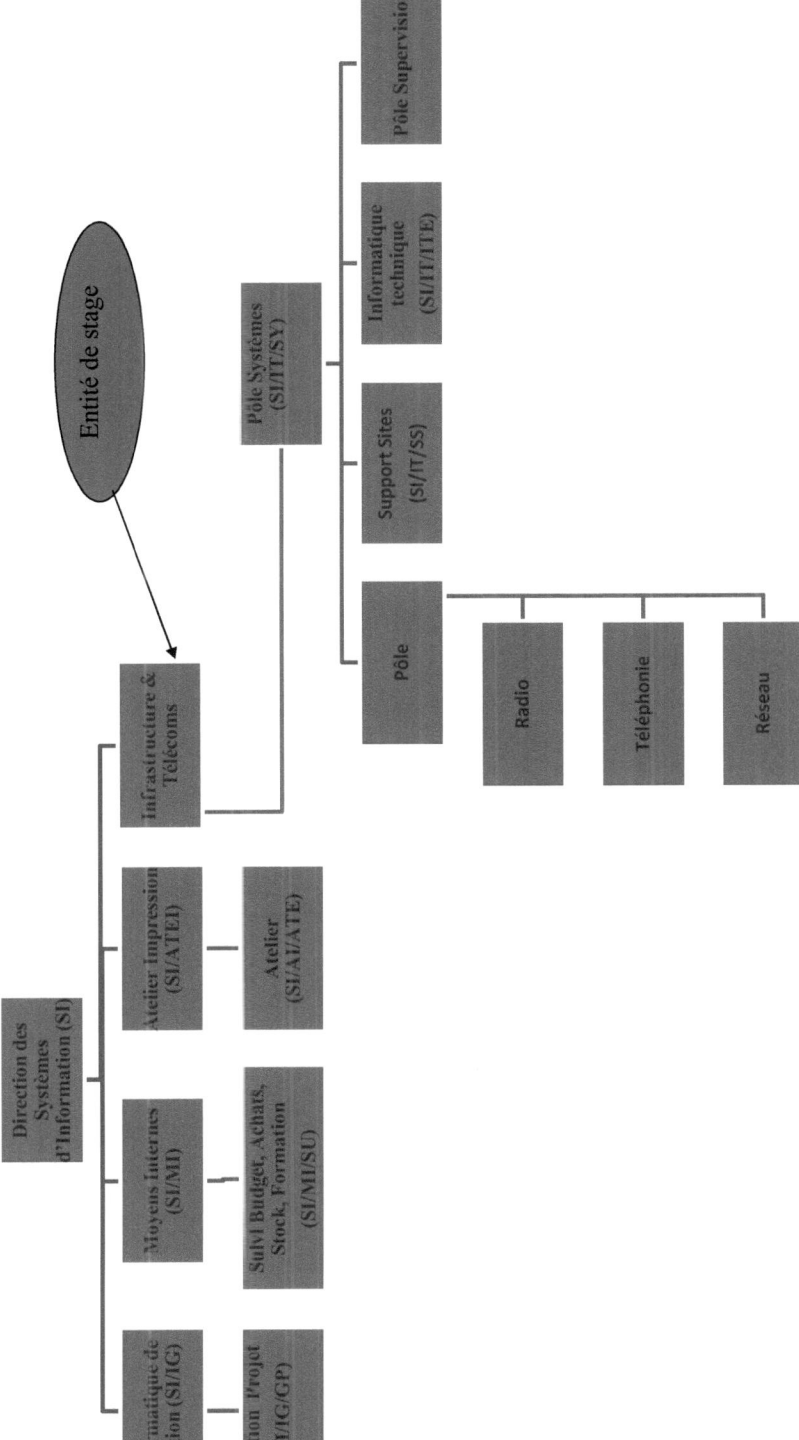

Figure I.5 : Organigramme de la direction DSI

Chapitre II
Analyse de l'existant a la LYDEC

II.1. Introduction

La LYDEC a menée une démarche d'amélioration en concentrant ses efforts et ses investissements sur l'infrastructure informatique visant la migration vers des communications sur IP.

Dans ce cadre, la LYDEC souhaite installer un serveur fax sur IP qui peut être intégré avec l'environnement existant à la LYDEC (réseau LAN, WAN, le réseau téléphonique, Messagerie).

L'intégration du périphérique au serveur fax sur IP garantit que toutes les communications fax sont acheminées via un serveur de fax qui centralise la capture, le stockage et l'archivage du document comme illustrée à la figure ci-desscus [5] :

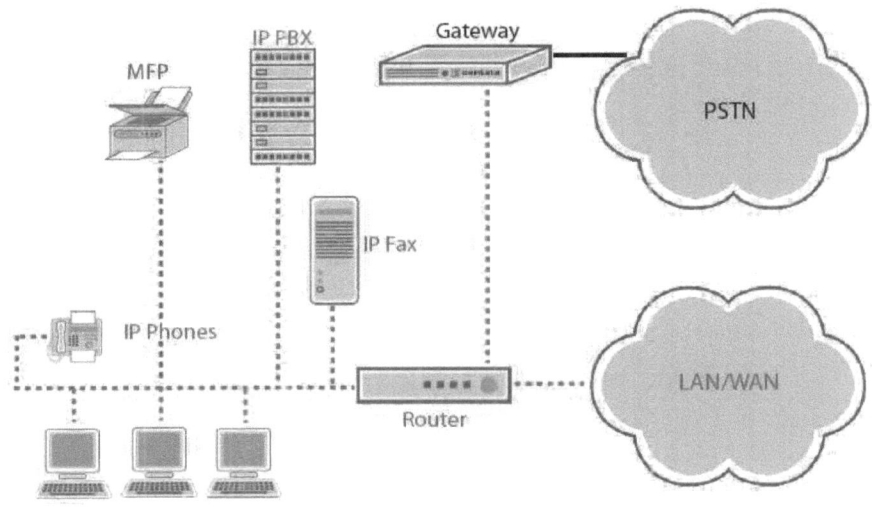

Figure II.1 : L'intégration du périphérique au serveur fax sur IP

Analyse de l'existant à la LYDEC

La mise en place d'un serveur fax utilisant le protocole internet nécessite alors l'existence d'un réseau local LAN (utile pour le partage des ressources telles que les fichiers, les imprimantes…), un réseau WAN (qui interconnecte plusieurs LAN des différents sites), un réseau téléphonique et un réseau de messagerie.

Pour ceci, une étude du réseau existant s'avère nécessaire afin de pouvoir analyser les différentes technologies pour assurer la communication au sein de la LYDEC.

Cette démarche d'analyse de l'existant permet d'atteindre plusieurs finalités à savoir :

*Une meilleure compréhension du système

*une évaluation de la performance

*une simulation du comportement du système présent

II.2. Etude et Analyse Du réseau LAN :

A. Architecture du réseau LAN

Pour son réseau LAN, LYDEC a opté pour une simple structure en étoile des réseaux téléinformatiques [1]. Cette structure se base sur des raccordements filaires et optiques vers un Switch Backbone LYDEC ayant pour charge la commutation des trames.

L'architecture du réseau LAN au sein du siège de la LYDEC est représentée par la figure ci-dessous :

Analyse de l'existant à la LYDEC

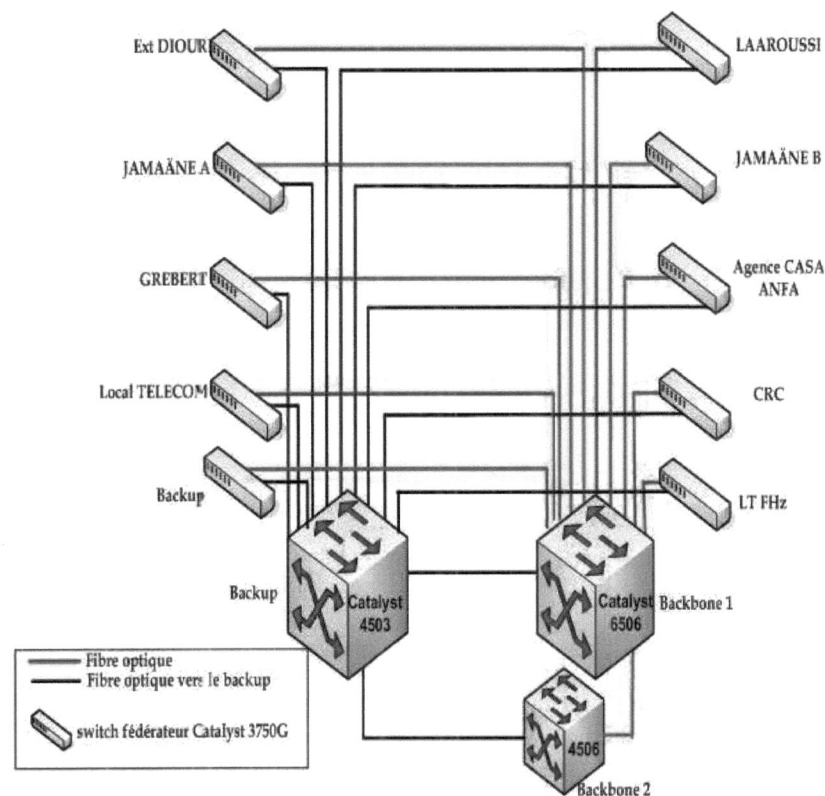

Figure II.2 : Architecture du Réseau LAN du siège DOUIRI

La structure du réseau au niveau catalyseur donnée par la figure ci-après

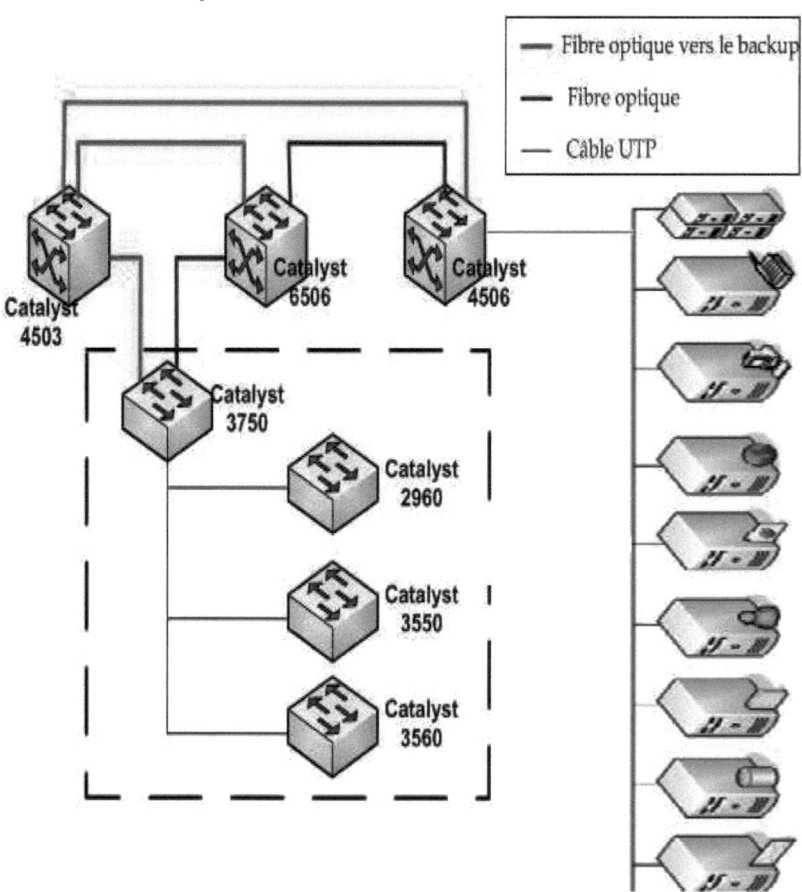

Figure II.3 : Architecture des Switch du siège DOUIRI

Analyse de l'existant à la LYDEC

B. Description du réseau

- Le siège de LYDEC se compose de 6 immeubles (Diouri, ex.Diouri, ex.Jammâne, Jammâne A, Jammâne B, Laâroussi) et d'une agence Casa Anfa.

- Chaque étage est équipé de plusieurs Switch qui sont connectés à un Switch principal par des fibres optiques. Ces Switch principaux sont interconnectés au backbone principal 6506 qui est relié aussi à un autre backbone 4506.

- Dans chaque immeuble il y a un local répartiteur principal où sont connectées les fibres provenant du backbone secondaire 4503 par une fibre de secours qui elle même, est reliée aussi aux deux backbones 6506 et 4506.

- Chaque repartiteur principal d'immeuble joue le rôle de fédérateur de cet immeuble.

- Au niveau de chaque étage, on trouve un local répartiteur d'étage où sont installés des Switch qui sont connectés au répartiteur d'immeuble à travers des câbles UTP.

- En cas d'indisponibilité du Switch backbone 6506, le mécanisme STP (Spanning Tree Protocol) est déclenché automatiquement et le Switch backbone 4503 prend la relève (figure II.2).

- Le brassage au niveau du Switch backbone 6506 est basculé vers le Switch de secours 4506.

II.3 Architecture et analyse du réseau WAN (annexe 1) :

A. architecture du réseau WAN (annexe 1)

Dans le but de faciliter la gestion, la supervision et l'administration du réseau WAN, LYDEC a opté pour une architecture étoile dont le siège est le noyau central.

La figure ci-dessous présente le schéma de l'architecture du réseau WAN adopté par LYDEC [1]

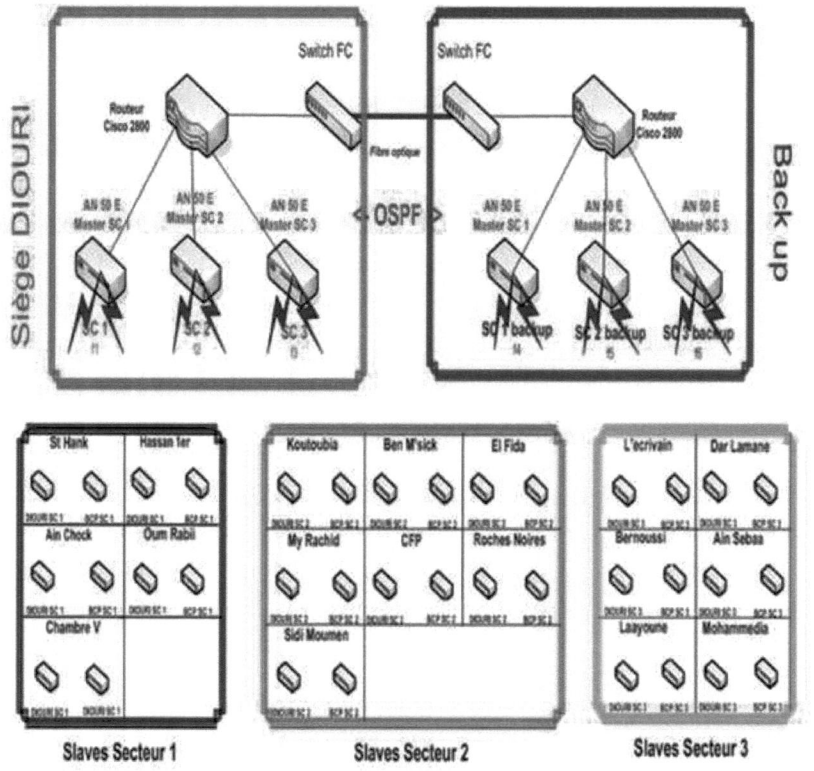

Figure II.4 : Architecture du réseau WAN de la LYDEC

Analyse de l'existant à la LYDEC

B. Description du réseau

La performance du réseau WAN est complétée par une solution de Back up au niveau du BCP, cette redondance assure d'une part le secours, et d'autre part la disponibilité des services. Le basculement entre les deux réseaux se fait grâce au protocole OSPF qui utilise une métrique numérique simple, basée sur un coût additif. La valeur par défaut du débit d'un lien est de 10e8 sur la bande passante du lien en bit/s. (10^8/BP (lien)).

L'interconnexion entre le siège et les différents sites de LYDEC est réalisée à l'aide de la technologie Redline [3] récemment installée à la LYDEC.

Le Redline est une technologie sans fil à rendement élevé et à pont sans fil à grande vitesse d'Ethernet fournissant une plate-forme évolutive d'un équipement commun d'infrastructure et de gestion (annexe 2).

Le système fonctionne dans la bande de fréquence allant de 5,470 GHz à 5,850 GHz et comprend des technologies avancées pour traiter les interférences inter-cellules.

Le Routeur CISCO 2800 assure la connectivité LAN/WAN. C'est une nouvelle gamme de routeurs à services intégrés qui intègre de façon intelligente au sein d'un même système de routage, des services de téléphonie, de routage multi protocole et de sécurité d'entreprise.

Analyse de l'existant à la LYDEC

Figure II. 5 : CISCO 2800

La technologie utilisée dans la LYDEC se caractérise par :

- ➢ Liaisons point à multi-point.
- ➢ Grande capacité de débit allant jusqu'à 72Mbits/s.
- ➢ Débit garanti de 2*2Mb/s pour les différentes délégations.
- ➢ Débit garanti de 512Kb/s pour le site Mohammedia.
- ➢ Opérant dans les bandes passantes 5,4 GHz et 5,8 GHz sans licences bandes.
- ➢ Prend en charge des opérations allant jusqu'à 80 Km.
- ➢ Rapidité de mise en service.
- ➢ Taux de disponibilité élevé.
- ➢ Pas besoin de visibilité directe (NLOS).
- ➢ Des parables pour réaliser la communication entre deux sites.

II.4 Etude et analyse du réseau téléphonique (annexe 1) :

A. architecture du réseau téléphonique

L'architecture du réseau téléphonique de LYDEC est de type étoile dont le siège DIOURI est le noyau central. Ce dernier est lié aux différentes agences à travers le réseau WAN. Comme illustré dans la figure ci-dessous:

Analyse de l'existant à la LYDEC

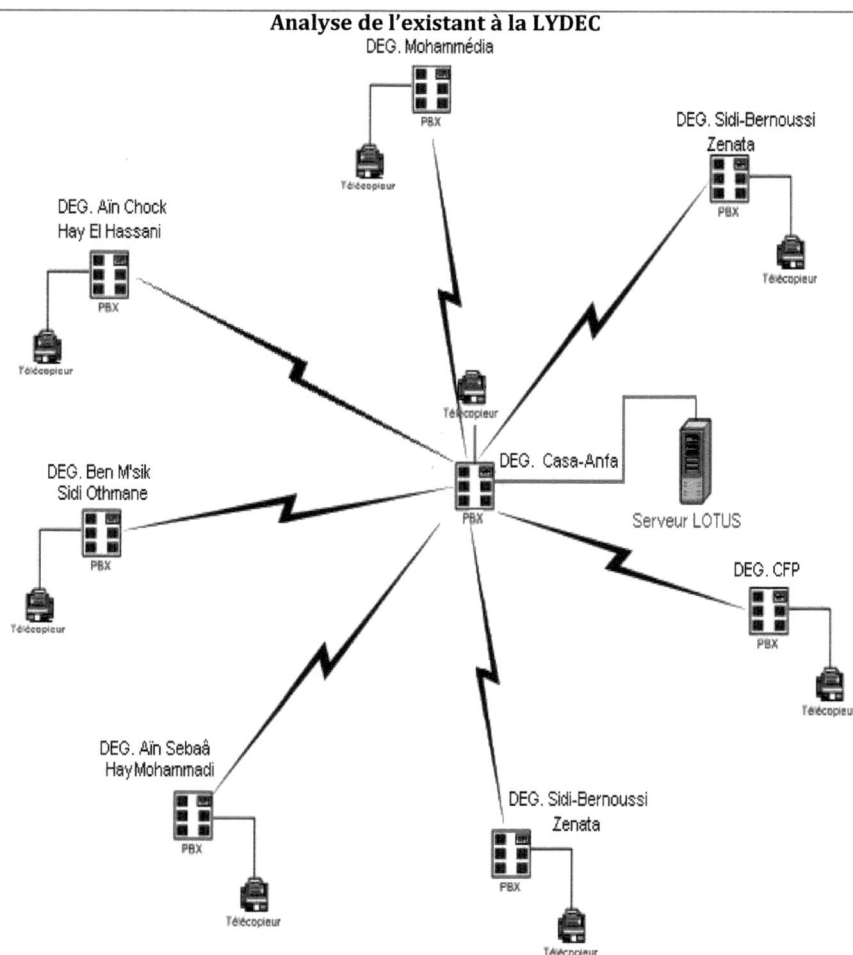

Figure II.6 : Réseau téléphonique de la LYDEC.

B. Description du réseau :

Cette architecture est s'intègre dans l'environnement suivant à savoir:

Analyse de l'existant à la LYDEC

- Le local Télécom du siège est équipé d'un **PABX A4400** composé de plusieurs modules. (annexe)
- Chaque bâtiment est muni d'un ou plusieurs **Voice Hub** garantissant la concentration des différents câbles **UTP** catégorie 5 provenant des postes téléphoniques.
- Selon le nombre de postes téléphoniques existants, un Voice Hub peut desservir un ou plusieurs étages.
- Pour chaque bâtiment, les Voice Hub sont raccordés au PABX central via des fibres optiques provenant du local télécom.
- Pour communiquer sur le réseau IP, l'IP-Phone possède une adresse IP ainsi qu'un numéro d'appel pour pouvoir communiquer avec les autres postes du réseau téléphonique. Par ailleurs, la voix est numérisée, éventuellement compressée puis mise en paquets IP.

Le tableau ci-dessous illustre le nombre de postes ainsi que la capacité d'extension du réseau téléphonique de la LYDEC.

Analyse de l'existant à la LYDEC

Site	Nombre d'utilisateur déclaré	Nombre de poste	Nombre de poste Analogique	4003	4010	4011	4012	4020	4023	4034	4035T	4010 & TSC IP	4022 (4020 & TSC IP)	4037 (4035 & TSC IP)	Soft phone	Nbre ports Analogiques libres	Nbre ports numériques libres	Nbre slots libres	Nombre SDA Libre	Les SDA Libre
																(Capacité d'extention)				
				(Nombre de poste Numérique)																
Siège	1016	1016	303	2	174	47	3	170	46	25	193	5	27	19	2	351	344	60	1	0 22 54 90 15
Ainsbaa	90	90	36	0	28	14	0	6	0	2	2	0	2	0	0	215	76	24	1	0 22 54 97 03
Bernoussi	77	77	44	0	12	1	0	8	6	3	1	0	2	1	0					
CFP	19	19	6	0	3	0	0	5	1	0	1	0	2	0	0					
Darlamane	15	15	10	0	1	2	0	0	0	0	2	0	0	1	0					
Elfida	110	110	69	0	12	9	1	11	2	3	1	0	2	0	0					
Ghandi	97	97	47	0	18	1	0	18	6	3	2	0	2	0	0					
HassanI	196	196	66	0	35	5	0	37	14	10	22	0	2	5	0					
Koutoubia	8	8	5	0	2	0	0	1	0	0	0	0	0	0	0					
Mohammedia	82	82	53	0	10	10	0	3	1	2	1	0	2	0	0					
Oulfa	12	12	11	0	0	0	0	0	0	1	0	0	0	0	0					
Myrchid	10	10	7	0	1	0	0	0	2	0	0	0	0	0	0					
Lecrivain	61	61	19	0	16	3	0	16	2	3	1	0	1	0	0					
Benmsick	99	99	54	0	10	13	0	12	5	2	1	0	2	0	0					
TOTAL	1892	1892	730	2	322	105	4	287	85	54	227	5	44	25	2	566	420	84	2	

Tableau II.1 : Nombre de poste téléphonique de la LYDEC

II.5 Messagerie Lotus Notes (annexe 3) :

Lotus Notes [3] est un logiciel de travail collaboratif, utilisé dans la LYDEC pour gérer les projets, les courriels et les échanges d'informations autour d'une base commune.

Lotus Notes	
Développeur	IBM
Dernière version	8.5 (le 6 janvier 2009) [+/-]
Environnement	Microsoft Windows, Mac OS, GNU/Linux
Langue	multilingue
Type	groupware
Licence	propriétaire Windows Linux

Figure II.7: Messagerie Lotus Notes

Il est utilisé au sein de la LYDEC pour faciliter le travail entre les différents fonctionnaires et entre les différentes délégations d'une part. D'autre part ce logiciel permet :

* D'améliorer et optimiser le travail collaboratif entre utilisateurs.

*De permettre la publication, la communication, la collaboration et la réplication.

Conclusion :

L'étude et l'analyse des réseaux téléinformatique adoptés par la LYDEC nous a permis de mettre le point sur les différentes technologies assurant la communication et la fluidité du trafic entre les différentes entités et sites de la LYDEC.

Cette étude permettra de faciliter le choix de la technologie serveur fax qui peut être intégré dans la structure réseau de la LYDEC.

Chapitre III
Choix de la solution Serveur fax

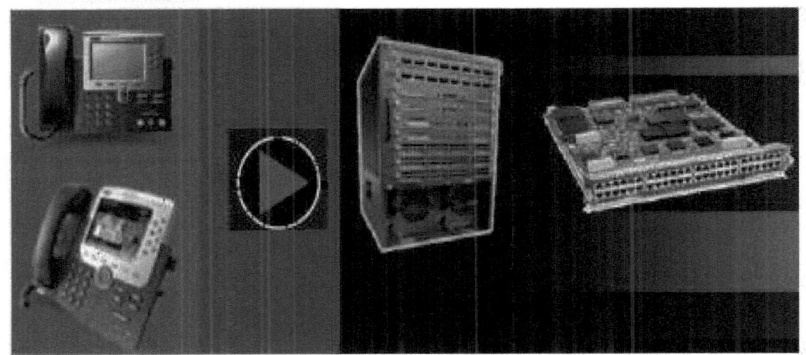

TELECOPIEUR   SERVEUR FAX,PABX...

III.1. Introduction

Les réseaux d'entreprise évoluent à un rythme accéléré. Ils prennent en charge les applications de voix, d'images et de données sur une même infrastructure réseau.

Il est désormais possible d'intégrer totalement les communications fax au SI de l'entreprise. Le système fax est devenu un protocole de communication comme un autre sur le réseau.

En migrant leurs communications de fax sur des architectures IP (serveur fax sur IP), les entreprises bénéficient de nombreux avantages par rapport au fax traditionnels (télécopieurs analogiques/numériques).

La nature centralisée des serveurs de fax sur IP peut aider les entreprises à:

- Réduire leur facture téléphonique en acheminant le trafic fax longue distance sur IP.
- Eliminer le coût de maintenance de télécopieurs analogiques.
- Offrir plus facilement de services de fax à l'ensemble des employés, quelque soit leur emplacement géographique.
- Eliminer les télécopieurs analogiques…

En outre, le serveur fax sur IP ne nécessite guère de déploiement ou d'interfaces spécifiques. Aujourd'hui, il ne requiert plus d'équipement particulier (modems, cartes…). Ceci peut être illustré par la figure III.1.

Ainsi un serveur fax fait économiser des montants substantiels, tout en améliorant la qualité du service et l'image de l'entreprise.

Choix de la solution serveur Fax

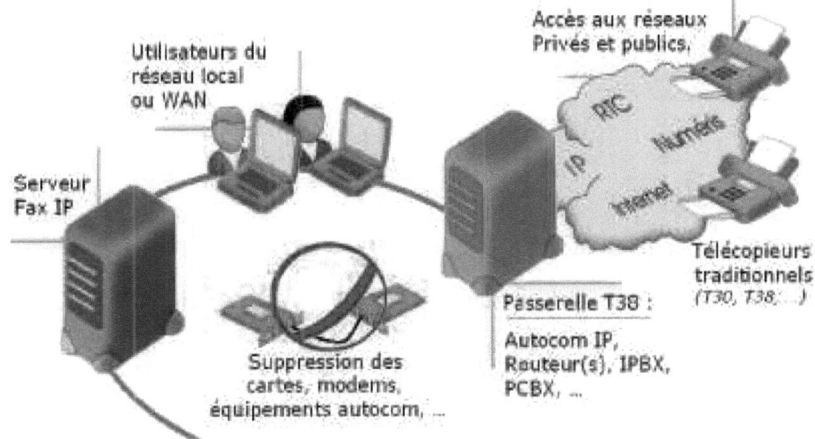

Figure III. 1 : Intérêts du serveur fax sur le réseau de l'entreprise

III.2. SERVEUR FAX :

Un serveur de fax [3] est un logiciel installé dans un serveur de réseau local (LAN) qui permet aux utilisateurs d'ordinateur qui lui sont attachés d'envoyer et de recevoir des messages fax sous forme électronique.

Ces messages fax peuvent être stockés en tant que traitement de texte imprimable, graphiques, base de données, ou fichiers tableurs. Ces documents analysés peuvent être envoyés comme messages de fax.

Son implantation dans le réseau de la LYDEC permettra d'éliminer le maximum de télécopieurs internes des différents sites sans l'ajout de nouveaux matériels (le télécopieur restant sont destines à recevoir les fax provenant du réseau RTPC de l'extérieur de la LYDEC0.

La figure ci-dessous montre en général l'implantation du serveur fax dans le réseau LAN de l'entreprise.

Choix de la solution serveur Fax

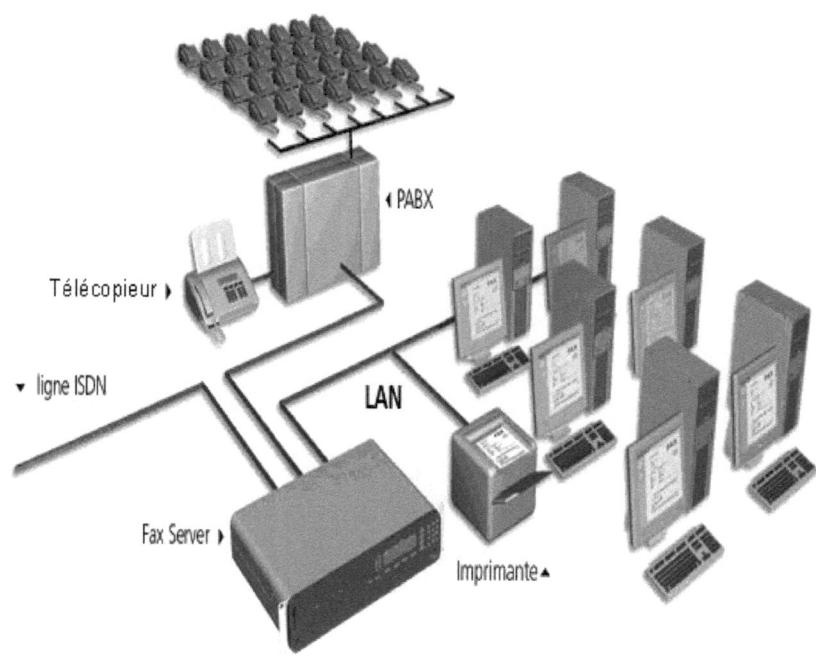

Figure III.2 : SCHÉMA DE RACCORDEMENT DU SERVEUR FAX

A. Fonctionnement d'un serveur fax

Le serveur de Fax remplit, pour la télécopie, la même fonction qu'un central pour la téléphonie. Chaque utilisateur peut recevoir ou envoyer des fax sans quitter son poste de travail. Le fax utilisant le Protocol internet (FOIP - Fax over IP) qui fait référence au procédé d'envoi et de réception des fax via un réseau VoIP. FOIP fonctionne par le biais du protocole T38 (Voir définition page 32) et nécessite une passerelle VoIP, qui transmet les données du protocole T30 (Voir définition page 33), un télécopieur, une carte fax et/ou un logiciel fax compatible avec le T38.

Choix de la solution serveur Fax

Un logiciel Fax qui connaît le langage T38 peut envoyer et recevoir des fax directement via la passerelle VoIP sans faire appel à aucun matériel supplémentaire.

En fait, en interne de l'entreprise il existe deux méthodes pour envoyer des fax sur un réseau IP:

• Le protocole T.37 : une approche qui consiste à stocker puis transmettre les fax, mais pas en temps réel

• Le protocole T.38 : pour lequel les fax sont envoyés et reçus en temps réel, de la même manière que sur un appel de fax basé sur RTPC

La plupart des entreprises optent pour la solution fax sur IP en temps réel,

En parallèle, le milieu externe à l'entreprise utilise le protocole T.30 (télécopieurs traditionnels) dont la fonction est de négocier la connexion et d'effectuer la conversion d'image. La passerelle se contente de transmettre la télécopie entre une connexion RTPC et IP.

Et pour bien illustrer ceci on peut expliquer voici le fonctionnement du serveur fax en trois phases comme il est montré dans la figure III.3.

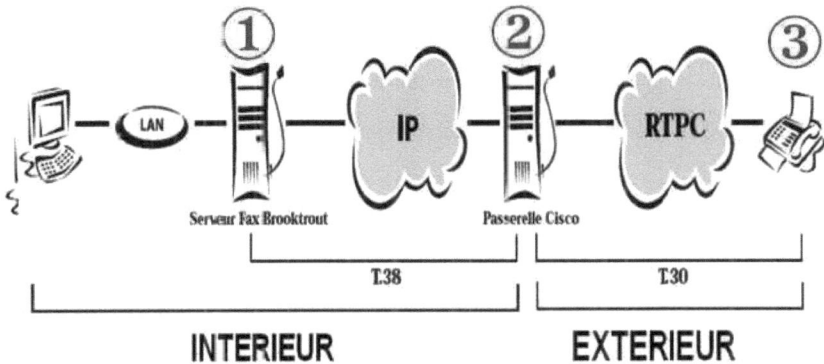

Figure III.3 : Protocole de communication par fax dans l'environnement de l'entreprise

Choix de la solution serveur Fax

1 Le serveur fax basé est connecté à un réseau IP sur lequel il transmet les données des images fax et du protocole T.30 à l'aide de paquets T.38 vers la passerelle/routeur Cisco réceptrice.

2 La passerelle/routeur Cisco retransforme à son tour les paquets T.38 en signaux de protocole T.30 et les transmet au télécopieur destinataire via le réseau RTPC.

3 Le télécopieur destinataire comporte un moteur de protocole T.30 qui communique avec celui du serveur fax via la passerelle Cisco.

B. Identification des différents protocoles

Protocole T38

T38 est un protocole pour l'envoi de FAX à travers les réseaux IP en mode temps réel. Elle décrit comment envoyer un fax à partir d'un réseau de données informatiques. T38 est indispensable car les données de fax ne peuvent pas être envoyées sur un réseau de données informatiques de la même façon que la communication vocale.

La figure ci-après montre le positionnement du protocole T.38 :

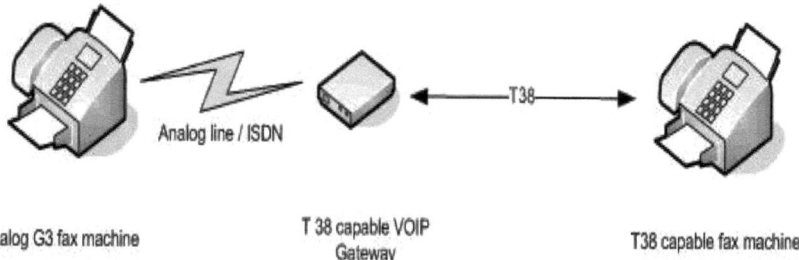

Choix de la solution serveur Fax

Figure III.4 : Schéma du protocole T.38

La passerelle a pour rôle la liaison et l'interfaçage entre le réseau IP et le réseau analogique. Le télécopieur analogue G3 n'a pas besoin de connaître le protocole T.38.

PROTOCOLE T.30

Le protocole T.30 définit les procédures qui sont nécessaires pour la transmission de documents par télécopie entre deux terminaux dans le réseau téléphonique public commuté RTPC. Il s'agit d'un protocole half duplex, très robuste, utilisable sur des liaisons téléphoniques de qualité variable. La figure ci-dessous montre le schéma du protocole T30:

Figure III.5 : Schéma du PROTOCOLE T.30

Les procédures de l'envoi et du traitement du fax comprennent essentiellement cinq phases distinctes et consécutives, comme le montre la figure suivante:

Choix de la solution serveur Fax

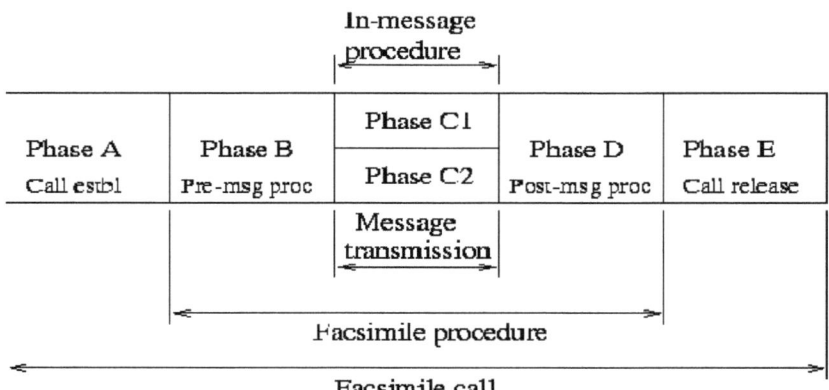

Figure III.6 : Le temps d'une séquence d'appel fac-similé (FAX)

- Phase A – Etablissement de l'Appel
- Phase B – la procédure de pré message

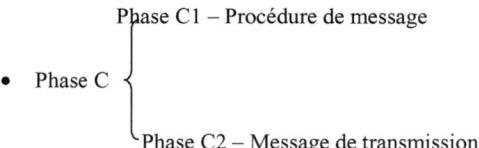

- Phase C
  - Phase C1 – Procédure de message
  - Phase C2 – Message de transmission

- Phase D – Post-message procédure
- Phase E – Libération de l'Appel

La procédure d'envoi s'achève par une signalisation

III.3. Les arguments plaidant pour le choix d'un serveur fax IP

Il y a de nombreux avantages à choisir un service de messagerie fax sur réseau IP plutôt qu'un télécopieur traditionnel, tant sur le plan pratique qu'économique.

Un serveur fax professionnel garantit des économies importantes de coût, garantie la sécurité de l'information Fax et améliore l'image de la société.

Choix de la solution serveur Fax

En réduisant les impressions fax de plus de 90% les entreprises participent au respect de l'environnement en protégeant les forets et en remplaçant l'archivage papier par l'archivage numérique. Et d'où l'impact sur le plan écologique.

L'envoi d'un fax est plus rapide et les fax entrant sont automatiquement intégrés au flux d'emails d'aujourd'hui. La durabilité d'un fax to mail est considérablement plus longue qu'un fax papier, grâce à l'archivage numérique.

En outre, les fax sont totalement confidentiels grâce à un numéro de fax personnalise en réception et aux envois réalisés à partir du compte personnel de l'utilisateur.

En plus, l'envoi et la réception des fax provenant depuis n'importe quelle connexion internet est possible, ce qui permet de gagner en mobilité d'une part.

D'autre part le temps d'attente devant un télécopieur est éliminé, on peut prendre connaissance des fax reçus en temps réel devant le poste.

Et enfin, la solution serveur fax garantit un grand bénéfice en supprimant la plupart des télécopieurs ce qui minimise l'utilisation du consommables (toners, papiers…).

Ainsi la solution serveur fax peut être considérée comme étant une solution simple, fiable, économique et écologique et d'où le besoin d'intégrer cette solution dans les entreprises modernes

Le tableau ci-dessous récapitule l'intérêt du choix de la solution serveur fax :

	TÉLÉCOPIEUR	SERVEUR FAX
Consommation	➢Toner ➢Papier.	➢Moins de dépenses de toner et de papier : on n'imprime que les fax importants.
Maintenance	➢Location ou acquisition d'un parc de télécopieurs ➢Bourrages papier récurrents ➢Passage régulier de techniciens (pannes matérielles).	➢Acquisition d'un seul logiciel ➢Pas de bourrages papier ➢Maintenance assurée par l'administrateur réseau ➢Accès à une hotline dédiée.
Communication par fax	➢Fax envoyés pendant les heures pleines (heures de bureaux)	➢Définition de plages horaires heures pleines et heures creuses. ➢Possibilité de choisir des

Choix de la solution serveur Fax

	➢Possibilité de travailler avec un seul opérateur Télécom.	opérateurs différents en fonction des destinations ➢Routage à moindre coût disponible en option.
Coût du matériel	Entre 500 et 4000 DH/unité	A partir 2000 DH
Mobilité	➢Déplacements jusqu'au télécopieur ➢Queues devant les télécopieurs ➢Archivage et distribution manuelle des fax entrants.	➢Plus besoin de se déplacer jusqu'au télécopieur ➢Possibilité de recevoir directement les fax entrants dans la boîte email des utilisateurs ➢Archivage automatique des fax entrants et sortants. Toutes les manipulations se font sur l'interface web
Confidentialité	Risque de perte de fax ou lecture par des tierces personnes	Réception directe des Fax sur le compte privé de l'utilisateur

Tableau III.1 : Comparaison des systèmes d'envois de FAX par serveur Fax et télécopieur.

On peut mesurer l'impact de l'implémentation du serveur fax sur les gains de productivité.

La figure ci-dessous présente un exemple d'économie temporelle engendrée par l'utilisation d'un serveur fax à la place d'un télécopieur traditionnel.

Choix de la solution serveur Fax

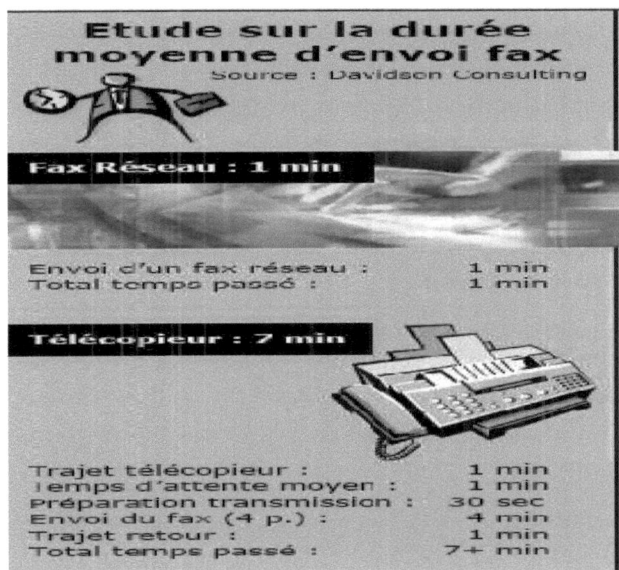

Figure III.7 : Economie Temporelle engendrée par le serveur fax.

La figure ci-après quand à elle montre l'impact qu'engendre le gain temporel sur le gain budgétaire.

	Télécopie manuelle	Serveur Fax
Envoi de fax en minutes	5 min	0.5 min
Nombre de fax par semaine	500	500
Coût moyen d'un employé par heure	$30	$30
Coût par semaine	$1250	$125
Economies par semaine		$1125

Tableau III.2 : Economie Budgétaire engendrée par le serveur fax

Choix de la solution serveur Fax

L'analyse de ces deux exemples nous permet de dégager le fait qu'un rapport de 10 est réalisé pour l'envoi d'un fax par télécopieur traditionnel. Ainsi une économie de 10 fois en matière budgétaire sera faite après l'adoption de la solution serveur fax.

En plus des avantages que représente le serveur fax en matière d'économie court terme, il ya encore un facteur d'économie qu'on peut assigner à l'économie long terme, une fois la technologie IP sera généralisé sur toute l'installation d'entreprises.

On peut la définir selon les différents points à savoir :

- **Économies d'échelle sur les appels longue distance grâce au fax sur IP**

L'un des principaux avantages des communications sur IP est qu'elles permettent aux entreprises de passer des appels téléphoniques et de fax sans les frais du réseau téléphonique public commuté (RTPC).

L'acheminement de ce même fax via un réseau IP élimine quasiment le coût de l'appel longue distance

- **Complexité moindre et coûts d'exploitation réduits**

Avec les technologies de communication sur IP, les entreprises peuvent désormais éliminer leur réseau téléphonique existant et combiner tous les modes de communication, dont le fax, en une même topologie de réseau. Cette convergence des réseaux permet aux entreprises de réduire le personnel et de transférer les services de fax et de téléphonie au groupe chargé de la mise en réseau des données.

- **Acheminement au moindre coût**

Plus les entreprises implémenteront des passerelles sur des sites distants et centraliseront leurs services voix et fax, plus elles pourront exploiter leur infrastructure réseau pour acheminer les appels entre leurs différents bureaux, de la manière la plus économique possible.

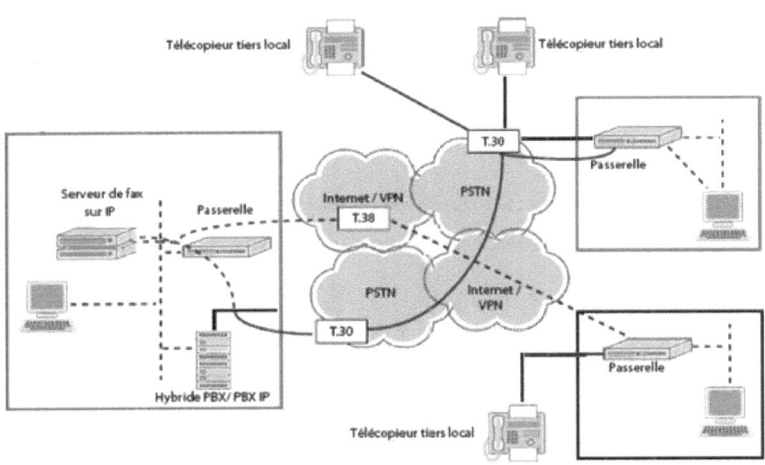

Figure III.8 : acheminement au moindre coût

- **Centralisation des ressources de fax pour faciliter le déploiement et la maintenance**

Avec la principale propriété SOFT du serveur fax. On aura une facilité de déploiement sur les sites à distance, une plus grande consolidation des services de fax, une diminution des coûts de préparation aux sinistres et une facilite d'acheminement à faible coût via le réseau étendu.

III.4. Solution des serveurs fax

La LYDEC souhaite acquérir une solution serveur fax qui doit être complètement intégrée dans l'environnement de la messagerie LOTUS NOTES existante et qui sera destinée à remplacer l'ensemble des appareils fax analogique de la société.

La LYDEC a donné la priorité aux solutions disponibles sur le marché marocain pour profiter pleinement des services après vente. Pour ceci, nous avons consulté le marché national.

Après étude de marché, nous avons trouvé une panoplie de solutions serveurs fax, dont nous avons énuméré seulement quatre qui peuvent être couplées avec la messagerie LOTUS NOTE à savoir :

- Les solutions serveur **Esker VSI-FAX** et **Esker Fax for Notes** fournies par la société **CBI Maroc**.
- La solution **RTE Fax for Lotus Note** fournie par la société **SIGMATEL**.
- **ATLAS NTIC Server**, le serveur Fax qui porte le nom de sa société marocaine **ATLAS NTIC**.

Chacune de ces solutions présente des avantages multiples qu'on peut grouper en quatre catégories :

- Sécurité
- Efficacité
- Economie
- Caractéristiques Technico-Fonctionnelles.

Les tableaux ci-après illustrent les différentes caractéristiques de chaque solution citées ci-dessus.

Esker Fax for Notes

Sécurité	➢ Routage entrant protégeant les informations sensibles et confidentielles. ➢ Filtre anti-spam.
Efficacité	➢ Accusé de lecture des emails. ➢ Nouvel outil de surveillance automatique du serveur : WatchDog*. ➢ Réduire les interventions manuelles dans les processus de traitement des documents.
Economie	➢ Réduire jusqu'à 90 % les coûts d'envoi de documents. ➢ Accélérer la diffusion de l'information aussi bien en interne qu'à destination des clients et partenaires. ➢ Eliminer la ressaisie de données dans les applications, l'impression, le tri, la mise sous pli et la remise en poste des documents. ➢ Augmenter la disponibilité en fonds de roulement en raccourcissant les délais de règlement grâce à une diffusion plus précise et rapide des informations.

Choix de la solution serveur Fax

Caractéristiques Tech&fonctionnelles	➢ Grâce à l'intégration native, les administrateurs et utilisateurs peuvent envoyer et recevoir des fax, vérifier leur état et les gérer à partir de Notes. ➢ Ne nécessitant aucune modification de votre carnet d'adresses dans l'annuaire Domino. ➢ Optimisation de l'affichage des fax envoyés et notifications. ➢ Intégration des messages d'alertes dans IBM Lotus Domino Web mail. ➢ Simplification de l'accès aux fonctions d'administration de base grâce à l'optimisation de l'interface d'administration. ➢ **Support des cartes fax Brooktrout Fax over IP : TR1034.** ➢ Gestion intelligente des surcharges et des interruptions de service avec transfert sur le service Esker on Demand.

Tableau III.3 : Différentes Caractéristiques de la solution Esker Fax for Notes

WatchDog : C'est une protection destinée généralement à redémarrer le système, si une action définie n'est pas exécutée dans un délai imparti.
Connecteur Fax on Demand : proposé en option, ce connecteur permet aux organisations de bénéficier d'une diffusion de fax externalisée sans matériel supplémentaire ni lignes téléphoniques dédiées : elles disposent ainsi d'une solution parfaitement adaptée pour gérer les pics de trafic, notamment lors d'envois groupés de factures en fin de mois.

RTE Fax for Lotus Note

Sécurité	➢ Utilisation des alertes administratives de Windows en cas de défaut matériel d'une des lignes. ➢ Gestion de filtres d'affichage dans les journaux envoi/réception.

Choix de la solution serveur Fax

Efficacité	➤ Destinataires multiples. ➤ Envoi du même message à des destinataires fax et à des destinataires de messagerie. ➤ Enregistrement automatique ou manuel des nouveaux utilisateurs du fax et sélection du profil par défaut. ➤ Paramétrage des types de pièces jointes supportées par le serveur. ➤ Outil gestionnaire de serveur permettant le suivi précis de l'activité de plusieurs serveurs et leur paramétrage. ➤ Reprise automatique en cas d'occupation ou d'échec ➤ Ne renvoie que les pages qui ne sont pas arrivées lors d'une première tentative. ➤ Gestion de file d'attente avec priorités. ➤ Paramétrages possibles des lignes en envoi, réception ou mixte.
Economie	➤ Utilisation du mode lissage pour les fax envoyés en mode normal, pour une économie de 30% sur la facture téléphonique. ➤ Paramétrage des périodes économiques et des indicatifs restreints. ➤ Outils de suivi des coûts de communication.
Caractéristiques Tech&fonctionnelles	➤ Utilisation de "l'importance" du message pour la priorité du fax. ➤ Transformation des pièces jointes en télécopies par le serveur. ➤ Annotations des fax reçus (texte, cachet, signature) et réexpédition. ➤ Impression automatique ou à la demande des accusés d'émission (format imagettes ou pleine page). ➤ Après validation, le message se trouve dans la boîte "en Instance" de la messagerie. ➤ Emission à partir de la fonction Publipostage de Word. ➤ Emission à partir d'un scanner. ➤ Interface de programmation (API) permettant l'envoi de fax à partir d'un

Choix de la solution serveur Fax

système automatisé.

- ➢ Emission de mailings de masse à partir d'annuaires ODBC.
- ➢ Interface de programmation (API) permettant l'envoi de fax à partir d'un système automatisé.
- ➢ page de garde par défaut et le droit d'en changer.
- ➢ résolution par défaut et la possibilité de la changer.
- ➢ Gestion des éventuelles restrictions d'appels.
- ➢ Routage automatique soit vers carnet d'adresses Domino (champs Fax ou autres), ou bien vers les boites aux lettres du groupe d'utilisateurs de base, ou bien vers le dossier d'archives des imprimantes du réseau, ou bien tous simplement redirection vers un autre numéro de télécopie.
- ➢ Rapport d'activités et des pannes matérielles dans le gestionnaire d'évènements de Windows.
- ➢ Modification des files d'attentes des fax sortants.

Tableau III.4 : Différentes Caractéristiques de la solution RTE Fax for Lotus Note

Serveur Fax d'ATLAS NTIC	
Sécurité	➢ Réception automatique et sécurisée des fax sur les ordinateurs personnels.
Efficacité	➢ offre une solution de gestion de fax en réseau permettant l'envoi et la réception de fax centralisé.

Choix de la solution serveur Fax

	➤ archivage automatique de fax. ➤ Eviter les engorgements ponctuels aux heures de pointes dans un service alors que dans le service voisin il n'y a pas de réception ou envoi de fax. ➤ Intégration de la gestion des fax, C'est une protection destinée généralement à redémarrer le système, si une action définie n'est pas exécutée dans un délai prédéfini au système de messagerie ou bien de messagerie unifiée. ➤ Diminution des pertes de temps par réception de fax directement sur le poste de travail
Economie	➤ Diminuer les coûts de consommables, de maintenance et de locations des équipements. ➤ Diminuer les coûts de communication en utilisant les fonctions de routage (Mail to Fax et Fax to Mail) à moindre coût.
Caractéristiques Tech&fonctionnelles	➤ L'envoi de fax à partir d'un simple document Word. ➤ Un système de file d'attente. ➤ Qualité d'image absolue. ➤ Utilisation de l'interface Lotus Note

Tableau III.5 : Différentes Caractéristiques de la solution Serveur Fax d'ATLAS NTIC

Esker VSI-FAX	
Sécurité	➤ Réception automatique et sécurisée des fax sur les ordinateurs personnels. ➤ Conservation des fax dans l'environnement Domino en tirant pleinement partie des fonctions de sécurité et d'administration de Domino.

Choix de la solution serveur Fax

Efficacité	➢ Gestion simplifiée via un point unique d'administration sur Notes. ➢ Automatisation de la gestion des fax à partir de toutes les applications accessibles aux utilisateurs finaux et aux administrateurs de systèmes. ➢ Une disponibilité et une tolérance aux pannes optimales grâce au clustering*
Economie	➢ Réduction jusqu'à 90% des coûts de main d'œuvre. ➢ Réduction des frais de transmission longue distance. ➢ Ventilation des coûts en fonction du service émetteur ou destinataire des fax. ➢ Utilisation du "routage au moindre coût".
Caractéristiques Tech&fonctionnelles	➢ Solution de serveur de fax spécifiquement conçue pour Notes, associant l'interface Lotus et les fonctions d'administration de Notes. ➢ Envoi de fax immédiat sans aucune configuration du poste client. ➢ Qualité d'image absolue. ➢ Migration simplifiée vers des solutions intégrées permettant d'automatiser les processus de gestion de l'entreprise. ➢ Possibilité d'envoyer des fax depuis le client web Notes. ➢ Processus d'approbation des fax permettant de mettre en attente les documents à approuver par le manager avant envoi. ➢ Intégration de la base de données de support Notes accessible à travers l'interface Notes. ➢ Connecteur Fax on Demand.

Tableau III.6 : Différentes Caractéristiques de la solution Esker VSI-FAX.

Clustering : Ensemble logique de serveurs qui garantissent une haute disponibilité des ressources et une répartition des charges de traitement.

III.5. Comparaison entre différentes solution retenues :

Pour comparer les différentes solutions, on a choisi d'adopter la méthode utilisant la

Matrice de Compatibilité [6] (annexe 4).

Choix de la solution serveur Fax

En fait, cette méthode est appliquée généralement dans les situations où on a à effectuer le choix d'une solution parmi plusieurs.

Dans notre cas on a à choisir une solution parmi les quatre solutions déjà retenues en se basant sur les critères (sécurité, efficacité, économie et caractéristiques technico-fonctionnelles). Le tableau suivant illustre l'application de la méthode cité ci-dessus dans le choix de la solution.

SOLUTIONS Caractéristiques	Esker Fax for Notes	RTE Fax for Lotus Note	Serveur Fax d'ATLAS NTIC	Esker VSI-FAX
Sécurité	+	+	+	+
Efficacité	+	+	-	+
Economie	-	+	-	-
Caractéristiques Technico&fonctio	+	-	-	-

Tableau III.7 : Tableau comparatif utilisant la méthode Matrice de Compatibilité

L'application de cette méthode nous a permis de bien dégager les points forts de chacune des solutions retenues.

Choix de la solution serveur Fax

La 1ère analyse du tableau comparative nous a permis de cerner deux solutions qui comptabilisent le maximum de points forts à savoir **ESKER FAX for Notes** et **RTE FAX for Note**.

Mais reste à choisir la solution optimale parmi ces deux et qui correspond le mieux au cahier de charges prédéfini par la LYDEC.

La 2^{éme} analyse du tableau comparative nous mené à opter pour la solution Esker fax for Notes qui représente des avantages en matière d'économie long terme une fois la technologies IP sera généralisé sur toute l'installation de l'entreprise.

En fait, parmi les caractéristiques technico-fonctionnelle de Esker Fax for Notes (voir tableau III.3), on trouve que le serveur permet d'intégrer seulement des cartes fax **Brooktrout** sur IP.

Une fois la migration totale vers les communications sur IP sera faite. Ceci va permettre d'éviter de changer tout le parc de PABX numériques par des IPBX. Ainsi la LYDEC pourra effectuer d'énormes économies situées à long terme.

Choix de la solution serveur Fax

III.6. Estimation du retour sur Investissement d'une solution serveur fax

Cette partie nous permettra de faire une analyse des coûts de télécopies et de voir les gains réalisables avec le serveur de fax en fonction des critères propres à la société. Nous avons renseigné les champs avec des valeurs exemplaires. [5]

Nombre de télécopies journalières envoyées par votre entreprise	25	FAX
Nombre moyen de pages par télécopie	2	pages
Temps moyen estimé pour l'émission manuelle d'une télécopie (impression, remplissage de la page de garde, déplacement vers l'imprimante et le télécopieur, attente de la fin de transmission, etc)	5	minutes/fax
Coût horaire moyen des employés envoyant des télécopies (y compris salaires, charges.....)	15 €/h	169.5 DH/h

Comparaison du temps passé

	Emission manuelle	Emission depuis serveur de fax
Temps passé par jour (en minutes)	125 min.	25 min.
Temps passé par an (en heures)	520.83 h	104.17 heures

Analyse du coût de la main d'œuvre

	Emission manuelle	Emission depuis serveur de fax	
Coût de main d'œuvre annuel :	7812.45 €	1562.55 €	17656.815 DH
Gain annuel avec serveur de fax		6249.9 €	70623.87 DH

Calculer le retour sur investissement du serveur fax

Exemple de coût de votre serveur FAX	36160	DH
Gain mensuel réalisé avec serveur FAX	5885.04	DH

L'exemple suivant montre bien que le retour sur investissement d'une solution serveur fax est très important d'une part.

En d'autre part, le serveur fax peut être rentabilisé après une durée d'environ six mois.

D'où le grand intérêt pour les entreprises d'intégrer de telle solution dans l'environnement de communication par réseau.

Chapitre IV
Cahier de charges pour la mise en place d'une solution fax via Lotus Notes

Cahier de charges

**LYDEC
DIRECTION DES SYSTEMES D'INFORMATION
Service Réseaux & Telecom**

CAHIER DE CONSULTATION POUR LA MISE EN PLACE D'UNE SOLUTION FAX VIA LOTUS NOTES

Cahier de charges

ARTICLE 1 : Objet

L'objet de la présente consultation est la sélection d'un prestataire pour la fourniture, l'installation, la configuration et la mise en service d'une solution « SERVEUR FAX » couplée avec la messagerie « LOTUS NOTES » et destinée à remplacer l'ensemble des appareils fax (télécopieurs) de LYDEC.

ARTICLE 2 : Analyse du l'existant LYDEC

Réseau LAN :
Le réseau LAN LYDEC est structuré en topologie étoile. Cette structure se base sur des raccordements filaires et optiques vers un switch backbone ayant pour charge la commutation des trames.

L'infrastructure de ces réseaux locaux repose sur l'utilisation de réseaux Ethernet à base de commutateurs Cisco

Téléphonie :
Le système téléphonique de LYDEC est réalisé à base d'autocommutateurs Alcatel A4400 release R8.0 et dispose de 14 PABX ou noeuds. Le trafic voix transitant par le réseau Wireless entre les PABX est encapsulé en IP.

L'architecture de ce réseau est en étoile dont le PABX du siège DIOURI est le site central.

Le parc FAX de LYDEC est estimé à une soixantaine de FAX.

Le parc téléphonique est à base d'appareils analogique, numérique et IP. Une migration progressive vers la téléphonie en full IP est en cours.

Messagerie :
La messagerie est assurée par deux serveurs IBM NOTES DOMINO version 8.0 fonctionnant en mode clustering, les clients notes déployés sont : version 6.0 , 7.0 et 8.0.

ARTICLE 3 : Expression du Besoin LYDEC

LYDEC souhaite acquérir une solution clé en main qui devra être complètement intégrée dans l'environnement de messagerie LOTUS NOTES, elle devra communiquer avec le PABX moyennant un lien T2 et une carte RNIS PRI à fournir et installer sur le serveur FAX.
La solution proposée devra permettre la migration de la transmission et la réception de FAX entre le serveur FAX et le PABX du lien T2 vers un support full IP.

L'intégration à Lotus domino devra faciliter aux collaborateurs LYDEC les opérations de l'envoi et la réception des fax via le client lotus Notes et par conséquent bénéficier de toutes les fonctionnalités de cet outil par exemple :
- Contrôle total des droits dans l'administration Notes.
- Administration intégrée à Notes.
- Envoi de fax directement à partir de la fonction "Créer mémo" de Lotus Notes.
- Possibilité de l'approbation des fax avant l'envoi.
- Prévisualisation du fax à envoyer incluant la page de garde.
- Utilisation de "l'importance" du message pour la priorité du fax.
- Support des envois des pièces jointes.

Cahier de charges

- Réception de l'accusé de « réception » ou de « non réception » dans la base courrier de l'expéditeur.
- Utilisation des carnets d'adresses publics ou personnels de Lotus Notes.

Paramétrage de la table de routage quelle que soit le support utilisée (T2, IP, ...) pour permettre le routage automatique des fax entrants vers des boîtes aux lettres privées, des bases courriers et/ou vers des imprimantes.

Autres les fonctionnalités Lotus, la solution devra garantir une disponibilité de 24/24 et 7/7 et offrir la possibilité de mettre en place un certain nombre de paramétrages tels que :

- Paramétrage d'une plate-forme clustérisée afin d'assurer un service permanent et équilibrée des charges entre deux serveurs FAX installés sur le même site, ce service permettra de :
    - La solution clustérisée sera composée de deux serveurs FAX équipés chacun d'une carte RNIS T2.
    - Dérouter le trafic initialement prévu pour le premier serveur fax vers le second, si le premier est hors service
    - Répartir la charge entre deux serveurs de fax cohabitants dans un même site.
- Gestion des files d'attente selon l'occupation des lignes, de l'heure et de la priorité de l'envoi.
- Association de chaque N° Fax à une boite courrier utilisateur (environ 60 Utilisateurs).
- Gestion des coûts d'envoi selon le site et la priorité des fax envoyés.
- Permettre, à tout moment, à l'administrateur d'avoir une vue sur les fax en cours d'envoi ou bloqués.
- Paramétrage des états périodique des coût par :
    - Site
    - Direction
    - Utilisateur
- Paramétrage des pages de garde par utilisateur.
- Paramétrage du nombre d'essais d'envoi de fax en cas d'occupation des lignes.
- Configuration du nombre d'envois simultanés.
- Configuration des notifications automatiques selon des événements bien définis (Nombre Fax bloqués, coupure de liaison, ...)
- Autres paramétrages que le fournisseur peut proposer.
- Possibilité d'exécuter une fonction de mailing fax professionnel à partir d'un outil de bureautique quelconque avec réception d'un compte rendu détaillé des statistiques des FAX (Total, émis, abandonnés,...).
- Possibilité d'archivage de l'ensemble des documents FAX émis, reçus avec leurs pièces jointes et leurs pages de garde et notamment le rapport de distribution (accusée de réception).

ARTICLE 4 : Prestation demandée

LYDEC souhaite acquérir une solution de FAX clé en main, le fournisseur procédera aux opérations suivantes :

- Installation du serveur Fax y compris la carte RNIS.
- Etablissement de la liaison serveur FAX ←→ PABX
- Configuration du serveur FAX.
- Intégration complète de la solution dans l'environnement LOTUS NOTES.
- Formation de l'administrateur de la solution.
- Formation des utilisateurs de référence.

L'intégration complète de la solution dans l'environnement lotus notes consiste à la modification des templates LOTUS existantes afin d'intégrer les boutons et menus spécifiques à la solution FAX sans altérer le fonctionnement normal de la messagerie. Afin de réaliser cette intégration dans de bonnes

Cahier de charges

conditions, le prestataire devra être certifié LOTUS NOTES niveau administrateur système (Attestation de certification à présenter avec l'offre).

La configuration des cartes PABX, le passage des câbles RNIS ainsi le routage des numéros FAX au niveau du PABX sera réalisé par LYDEC.

Le fournisseur proposera plusieurs variantes :
- Fournitures du serveur et carte RNIS et intégration de la solution.
- Fournitures des serveurs et cartes RNIS de la solution clustérisée et intégration de la solution.
- Fourniture de (ou des deux) cartes RNIS et intégration de la solution, dans ce cas le fournisseur communiquera à LYDEC les prés requis des serveurs (machines) qui seront fournis par LYDEC.

LYDEC se réserve le droit de choisir et de commander la solution adéquate à son besoin.

ARTICLE 5 : Sécurité

Le prestataire est tenu de fournir une solution sécurisée et répondant à la politique de sécurité LYDEC, l'archivage et la confidentialité du trafic Fax doit également être assurée.

ARTICLE 6 : Garantie

- Le Prestataire garantit l'ensemble des pièces et matériels et logiciels constituant l'offre contre tous défauts apparents ou cachés, y compris tous défauts de conception, de matière, de montage, de fabrication, et autres.
- Pendant la période de garantie, le Prestataire assurera gratuitement la réparation ou remplacement des pièces défectueuses à ses frais. Tous les frais de remplacement seront à la charge du Prestataire au titre de la garantie.
- La période de garantie est d'une année à compter de la réception définitive de l'installation.

Garantie matérielle : Le prestataire est tenu d'effectuer à ses frais l'entretien des équipements et la réparation ou le remplacement des pièces reconnues défectueuses. Le matériel de remplacement doit être neuf et sera garanti à son tour pour une durée d'une (01) année.
Le prestataire précisera le délai de remplacement et de réparation.

Garantie logicielle : Le prestataire est tenu d'assurer gratuitement les mises à jour logicielles du serveur et des cartes RNIS pendant toute la période de garantie.

Les mises à jour et installation des correctifs seront appliquées sous la responsabilité du prestataire qui aura à sa charge la qualification et test des mise à jour qui seront ensuite transmis à la LYDEC.

- La prestation de support technique attendue durant la période de garantie devra offrir les niveaux de service suivants au minimum:
  - Support 8hx5j, 5j/7 pour la résolution de tout type d'incident relatif aux matériels et logiciels installés dans le cadre de ce projet.
  - Délais de résolution de tout type d'incident ne dépassant pas 24H.
  - Intervention sur site en cas de besoin.
  - Communication à la LYDEC relative aux incidents (description de la cause de l'incident et de la solution mise en place).

Cahier de charges

ARTICLE 7 : Formation

Le prestataire assurera deux types de formation :

Formation Administrateur :
La formation des administrateurs se tient durant et après la phase d'installation et de déploiement.
Les grandes lignes de la formation sont les suivantes :
- Compréhension des modules qui seront installés et analyse des prés requis
- Méthodologies d'installation des matériels et logiciels
- Le rôle de chacun des modules et leur administration
- La génération et mise en production des pages de garde

Formation Utilisateurs de référence :

- Utilisation de la solution Fax pour envoyer et recevoir les Fax.
- Envoyer et recevoir les fax.
- Réaliser une page de garde personnelle.
- Réaliser un mailing fax professionnel.

ARTICLE 8 : Contacts

Pour tout renseignement technique complémentaire prière de contacter :

Mr B. LOUIZI
Tél: 05 22 54 94 45
Fax: 05 22 54 94 07
Email : Brahim.louizi@lydec.co.ma

Mr A.ELMARCHOUM
Tél: 05 22 54 94 60
Fax: 05 22 54 94 07
Email : Abdelaziz.elmarchoum@lydec.co.ma

ARTICLE 9 : Remise des offres

Votre offre devra être adressée à la Direction des Systèmes d'Information et déposée sous plis fermé et scellé au bureau d'ordre LYDEC sis au 48, Rue Med DIOURI au plus tard le Vendredi xx/xx/2009 à 17h30.

Chapitre V
Réalisation de test pour l'installation d'un serveur fax

V.1. Introduction

Vu le temps alloué au PFE, nous étions dans l'incapacité d'attendre le long processus de l'appel d'offre.

Ainsi pour finaliser notre travail il était judicieux de réaliser l'étape de test en adoptant une maquette de test qui a été proposée à la LYDEC par la société SIGMATEL qui fournit la solution RTE-FAX.

V.2. Maquette de Test

Pour le bon fonctionnement de la maquette de test nécessite un minimum de matériel comme le montre la figure ci-dessous :

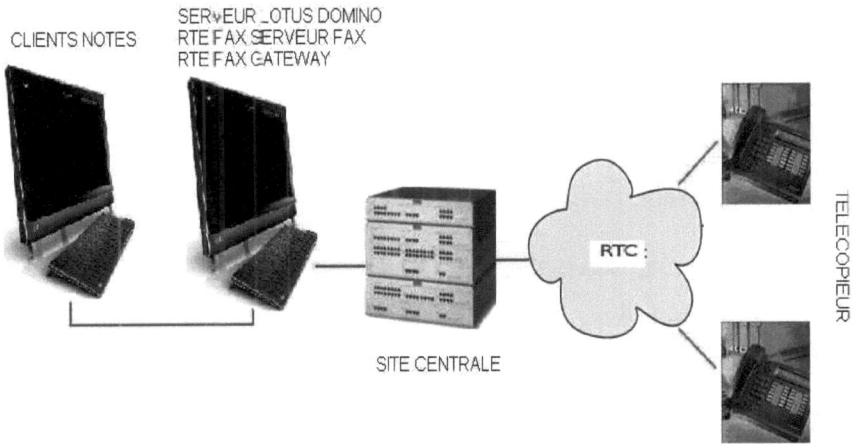

Figure V.1: MAQUETTE DE TEST

Réalisation de test

Le Matériel utilisé est constitué des cartes (HARD) et les logiciels (SOFT)

- **Le Hardware** représenté par les différentes cartes d'interfaçages et de communications, qui sont :
    - Contrôleur RNIS (réseau numérique à intégration de services)
    - PRA2 (Primary Rate Access)
    - BPRA2 (Basic / Primary Rate Access)

Mais vu que la carte PRA2 donne un accès primaire, tandis que la carte BPRA2 en plus de l'accès primaire offre un accès de base, c'est pour cela qu'on utilisera que cette dernière.

- **Le software** matérialisé par les différents logiciels qui entrent en jeu pour la réalisation de la maquette de test, qui sont :
    - RTE FAX [4]: RTE FAX allie le fax et la messagerie électronique et il joue le rôle du Serveur Fax
    - LOTUS NOTES (annexe 3) [3] : à pour rôle logiciel de communication dans le réseau local.

V.3. DESCRIPTION DES DIFFERENTS MATERIELS UTILISES

LES CARTES D'interfaçages:

➤ **Contrôleur RNIS : AVM ISDN-Controller B1 PCI**

Le contrôleur RNIS (ISDN en anglais) permet de relier Le serveur FAX à une connexion RNIS et par suite l'établissement de la liaison avec le PABX. Comme il est montré dans la figure ci-dessous

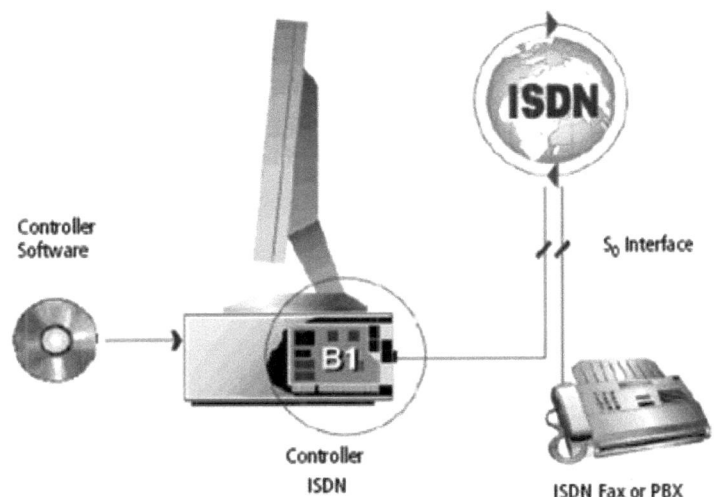

Figure V.2 : CONTROLEUR RNIS

Le PCI v4.0 du RNIS-Contrôleur B1 d'AVM (figure V.3) est un Contrôleur RNIS actif ce qui signifie que le contrôleur est équipé de son propre processeur.

Il traite les deux canaux B en même temps q'une interface RNIS à une vitesse de base (2 x 64.000 Bit/s).

Figure V.3 : Carte AVM ISDN-Controller B1 PCI

La carte PRA2 :

La carte PRA2 (Primary Rate Access), (figure V.4) est une carte interne du PABX. Elle permet de connecter le système au réseau public à travers un accès primaire (T2). Elle contient 30 canaux de communication B plus 2 canaux de signalisations D.

Figure V.4 : Carte PRA2

La carte BPRA2 :

La carte BPRA2 (Basic / Primary Rate Access), (figure V.5) elle aussi est interne au PABX, elle permet de connecter le système au réseau à travers un accès primaire (T2). De plus, elle permet le raccordement de trois accès de base configurables par gestion en mode T0 (accès au réseau RNIS en (2B +D) ou mode S0 (raccordement de terminaux en (2B+D).

Réalisation de test

Figure V.5 : Carte PBRA2

V.4 Déroulement du test:

Le test pour la mise en place d'un serveur de fax s'est déroulé sur huit étapes à savoir:

1ére ETAPE : INSTALLATION DE LA VERSION **WINDOWS SERVER 2003**

2éme ETAPE : INSTALLATION DE LA CARTE **AVM ISDN-Controller B1 PCI**

3éme ETAPE : INSTALLATION DU LOGICIEL **LOTUS NOTES**

4éme ETAPE : INSTALLATION DU LOGICIEL **RTE FAX SERVER**

5éme ETAPE : INSTALLATION DU LOGICIEL **RTE FAX GATEWAY**

6éme ETAPE : CONFIGURATION DES CARTES **BPRA2**

7éme ETAPE : CABLAGE DU **SERVEUR** AVEC LE **PABX**

8éme ETAPE : TEST final

Réalisation de test

Le test se déroule donc sur 8 étapes à savoir des étapes d'installation, de raccordements et de branchements. La description de chaque étape s'avère intéressante.

A. INSTALLATION DE LA VERSION WINDOWS SERVER 2003 :

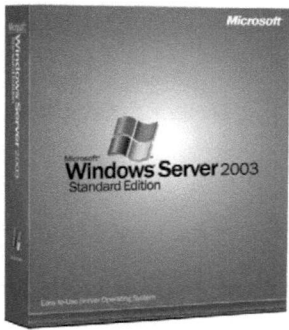

On a été amené à installer la version Windows Server 2003 vu qu'elle est la plus appropriée en matière de conformité avec le logiciel RTE FAX.

Réalisation de test

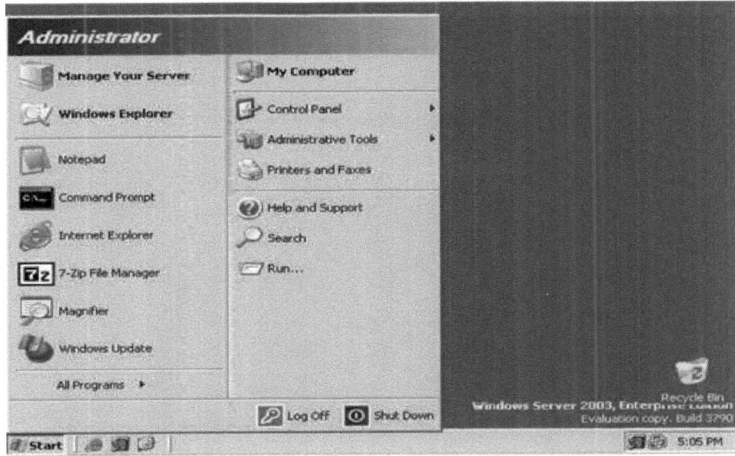

B. INSTALLATION DE LA CARTE AVM ISDN-Controller B1 PCI

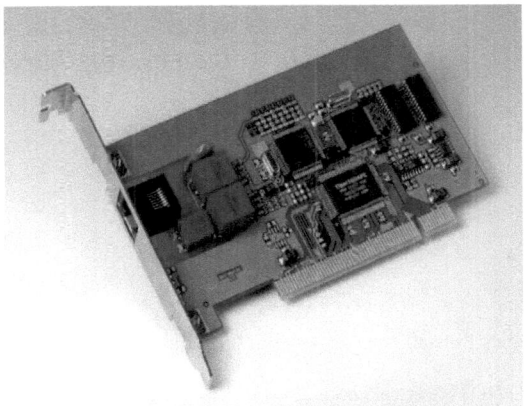

Après avoir installé WINDOWS SERVER, il fallait brancher la carte nécessaire pour la connexion du serveur FAX avec le PABX à savoir la carte AVM ISDN-Controller B1 PCI et installer son pilote. Le branchement est montré dans la photo de la maquette ci-dessous :

Réalisation de test

C. INSTALLATION DU LOGICIEL LOTUS NOTES :

Avant d'attaquer l'installation du serveur FAX, il a fallu tout d'abord faire l'installation du logiciel LOTU NOTES et cela pour avoir une bonne configuration et pour tirer pleinement de tous ses avantages qu'offre le serveur fax.

D. INSTALLATION DU LOGICIEL RTE FAX :

Réalisation de test

Le logiciel RTE FAX for Notes est un produit totalement intégré qui peut exploiter pleinement toutes les fonctions de Lotus Notes et du serveur Lotus Domino.

Cette étape est l'étape cruciale à comparer avec toutes les autres étapes. Elle comporte deux phases. La 1ère phase consiste à installer et à configurer la partie serveur de la solution, tandis que la deuxième consiste à l'installation de la passerelle.

Il ya deux façons pour l'installation du logiciel RTE FAX. Soit qu'on installe le serveur lotus ainsi que RTE FAX Server et RTE FAX Gateway dans un même poste, soit on les sépare sur deux postes différents, comme c'est représenté dans les figures ci-dessous :

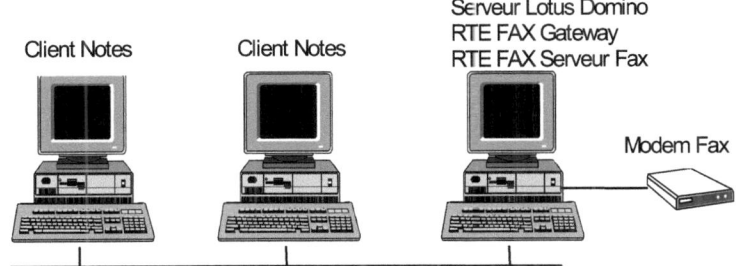

Figure V.6: Installation sur le serveur Lotus Domino

Réalisation de test

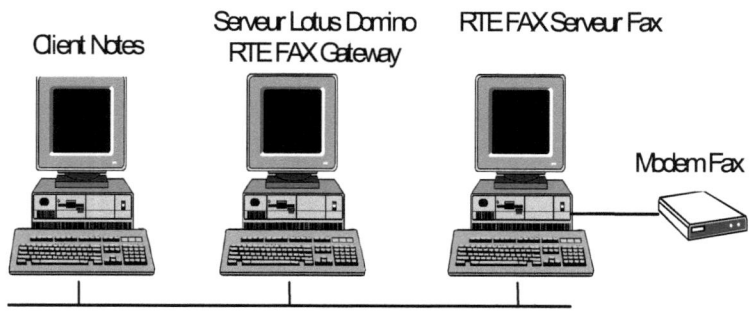

Figure V.7 : Installation séparée

Pour notre maquette de test on a choisi d'installer tous les logiciels et les serveurs à savoir le serveur lotus notes, le serveur RTE FAX ainsi que la passerelle RTE FAX sur le même poste.

E. INSTALLATION DU LOGICIEL RTE FAX SERVER :

On a installé le produit depuis le CD-ROM RTE FAX. Une fenêtre d'installation apparaît automatiquement après insertion du CD dans le lecteur, comme c'est présenté ci dessous

Réalisation de test

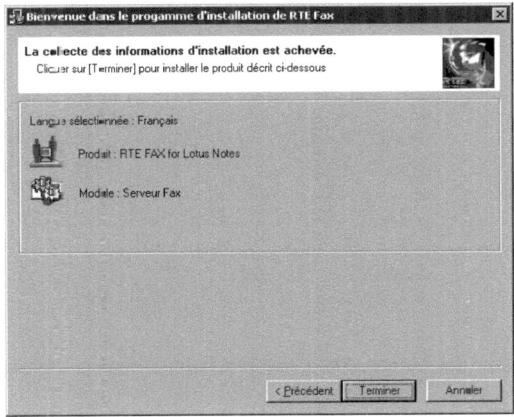

On a choisi le français comme langue du produit, puis RTEFAX for Lotus Notes et enfin on a sélectionné le Module Serveur Fax.

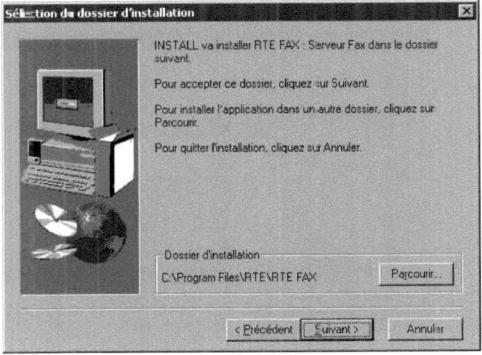

Le Gestionnaire de licences de l'installation définit une licence temporaire permettant d'utiliser l'ensemble des capacités du produit pendant une période de temps limitée allant jusqu'à 30 jours) comme il est montré dans la figure ci-après :

Réalisation de test

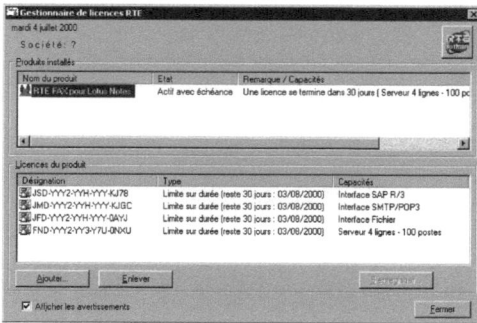

Pour la sélection des composants additionnels on a choisi l'option minimale comme le montre la fenêtre ci-dessous :

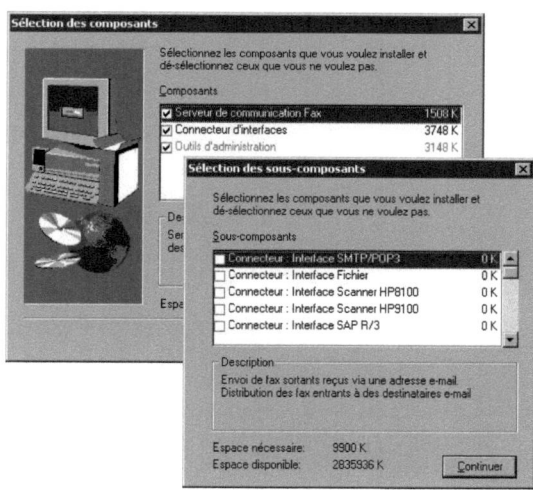

Réalisation de test

Et enfin on a configuré le serveur fax pour communiquer avec l'extérieur via la carte AVM ISDN-Controller B1 PCI selon la fenêtre ci-après.

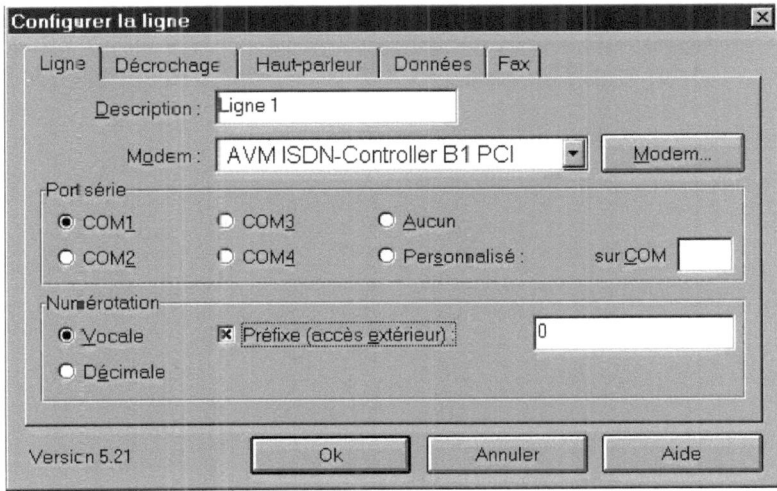

F. Installation de RTE FAX - Gateway Notes

On a répété la même procédure pour le lancement de l'installation et cette fois-ci on a choisi d'installer le Gateway suivant la fenêtre appelée ci-dessous:

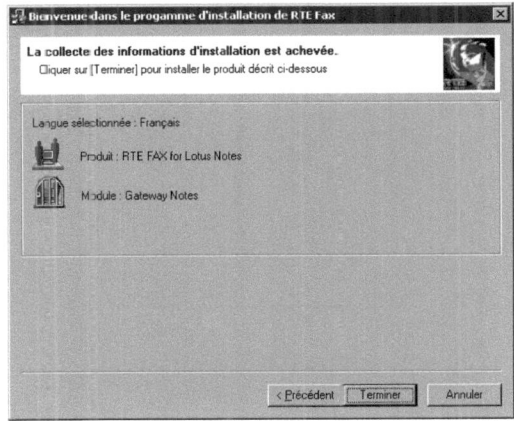

Réalisation de test

Après avoir sélectionné le répertoire d'installation, on a choisi le type d'installation et le nom du groupe de programme où RTE FAX – Gateway Notes est installé. Ensuite on a choisi les paramètres d'installations par défaut.

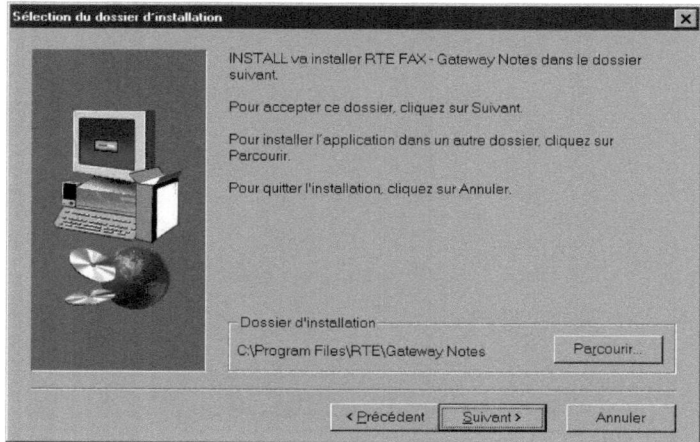

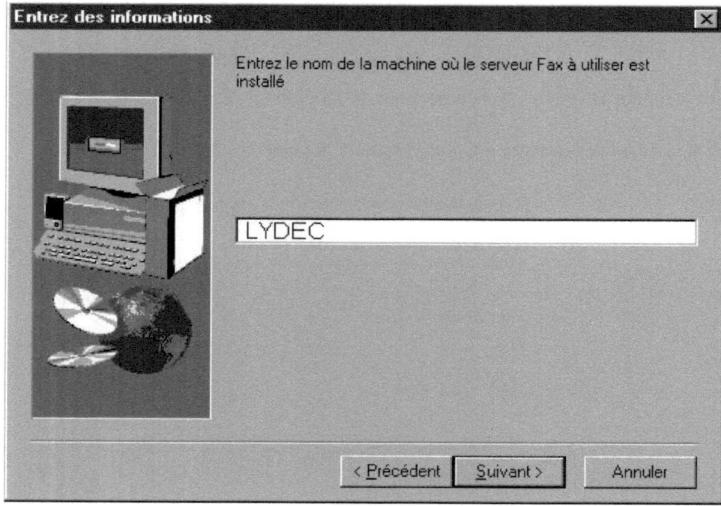

V.5 Configuration des cartes BPRA2

Réalisation de test

La configuration de la carte BPRA2 a été faite par un agent responsable, ce qui nous a permis d'effectuer le test sur l'envoi et la réception d'un fax.

V.6 Test de la maquette

Il existe cinq manières d'envoyer des télécopies avec le logiciel RTE FAX

- A partir du client Notes, en utilisant Mémo (standard) ou Mémo Fax (installé par RTE FAX).

- Depuis une application, en utilisant le pilote d'impression RTE FAX.

- Depuis le programme Envoyer un message ou Envoyer des documents accessible depuis le menu Démarrer / Programmes / RTE FAX Client Notes ou directement depuis l'Explorateur de fichiers avec le bouton droit de la souris, fonction Envoyer vers.. RTE FAX.

- Depuis une application, en utilisant le système de messagerie de Windows (Windows Messaging – MAPI). Cette procédure d'envoi est surtout utile quand on veut réaliser des publipostages.

- Utiliser un client de messagerie Internet (SMTP) tel Outlook Express ou Eudora.

Pour notre TEST on a choisi d'envoyer un FAX à partir de Lotus Notes, et pour cela on a procédé comme suit : On a utilisé le formulaire standard en cliquant sur le bouton Créer Mémo, en utilisant le menu Création / Mémo Fax.

Par défaut, le formulaire Mémo Fax est installé automatiquement dans la base courrier à la première utilisation de RTE FAX. Un exemple d'envoi de Fax à partir de Lotus Notes est présenté dans la figure ci-après.

Réalisation de test

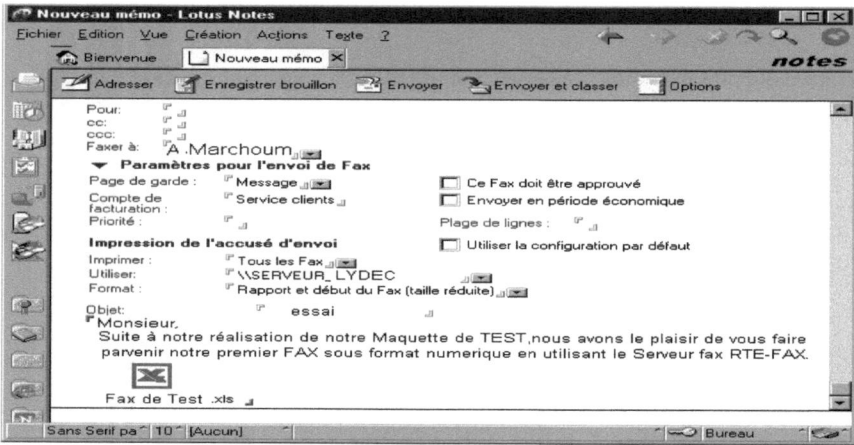

Figure V.8: Envoi d'un Fax à partir du client Notes

La réception dans la boite personnel Lotus notes du fax envoyé a partir du serveur Notes s'effectue selon la fenêtre affichée ci-dessous.

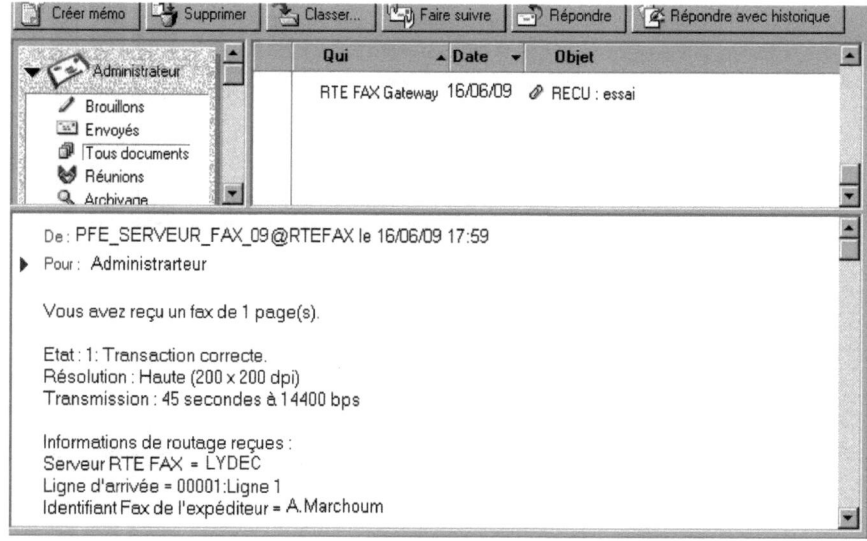

Figure V.9 : Réception du Fax dans le Lotus Notes

Conclusion :

Le travail effectué sur la maquette de test pour la mise en place d'un serveur fax pour LOTUS NOTES, nous a permis de comprendre le mécanisme d'envoi et de réception de fax par réseau utilisant le protocole d'internet, d'une part. D'autre part, nous avons touché de prés la grande facilité de mise en service de la solution serveur ainsi que presque tous les avantages qu'offre un serveur fax sur IP par rapport à un télécopieur traditionnel.

CONCLUSION GENERALE

Avec la transition vers les communications utilisant le protocole internet (IP), couplée à l'intérêt croissant pour l'automatisation des processus métiers et la gestion documentaire, le serveur fax sur IP représente une excellente solution.

La mise en place d'un serveur fax sur IP dans l'environnement informatique de la LYDEC a nécessité avant toute chose l'étude et l'analyse de l'existant LYDEC à savoir l'étude du réseau LAN et WAN, le réseau téléphonique et le réseau de messagerie.

Ceci nous a permis de se familiariser avec les technologies utilisées et plus particulièrement la technologie REDLINE récemment adaptée par la LYDEC et qui reste parmi les technologies les plus récentes et les plus fiables dans le domaine de communication sans fil.

D'autre part l'étude des différentes solutions serveurs de fax existant dans le marché national nous a permis de dégager les points forts (sécurité, efficacité, économie, caractéristique technico-fonctionnelle) de chaque solution et d'en tirer la meilleure afin de l'adopter pour la LYDEC.

Cette étude nous a aidé à rédiger un cahier des charges pour la mise en place d'un serveur de fax conforme aux besoins et aux spécifications de l'environnement LYDEC.

Pour mettre en évidence notre étude, un test avec la solution serveur RTE fax pour LOTUS NOTE a été fait. Cette maquette de test nous a permis de faire la configuration du serveur et de comprendre le mécanisme d'envoi et de réception des fax par réseau utilisant le protocole internet.

Comme perspectives, nous laissons le soin aux responsables de la LYDEC dans la matière, de lancer un appel d'offre.

Enfin, cette période de stage nous a été très utile. En effet elle nous a permis d'une part de nous intégré dans le milieu industriel, et d'autre part d'entretenir des relations avec des professionnels confirmés dans le domaine de la télécommunication qui nous a aidé à développer notre capacité d adaptation et à enrichir nos connaissances techniques. Elle nous a permis aussi de percevoir les différents défis que peut rencontrer un ingénieur dans la réalisation de ses affaires et de dévoiler notre esprit d'initiative.

ANNEXES

ANNEXE 1

Réseau LAN

Le LAN ou (Local Area Network) est un réseau informatique couvrant une petite zone physique. Un réseau local (LAN) fournit la capacité de mise en réseau à un groupe d'ordinateurs à proximité les unes des autres comme dans un immeuble de bureaux, une école ou une maison. Un LAN est utile pour le partage des ressources comme des fichiers, des imprimantes, des jeux ou d'autres applications. Un réseau local, à son tour se connecte souvent à d'autres réseaux locaux, et à Internet.

Et voici un exemple de structure LAN :

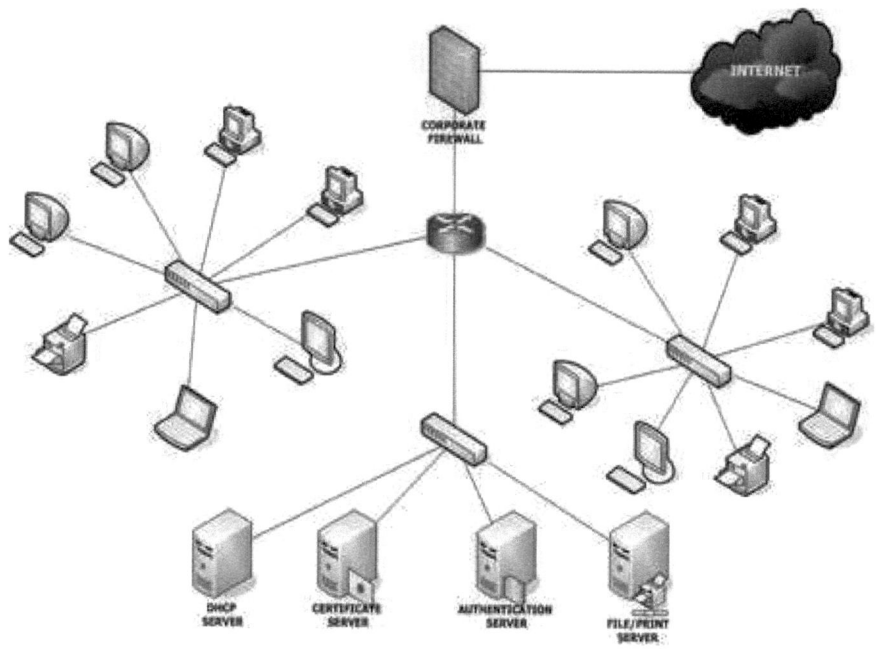

Figure: Structure du réseau LAN

La plupart des réseaux locaux sont construits avec du matériel relativement peu coûteux, tels que Ethernet câbles, cartes réseau, et des pôles.

Un réseau local représente un réseau sous sa forme la plus simple. La vitesse de transfert de données d'un réseau local peut s'échelonner entre 10 Mbps (pour un réseau Ethernet par exemple) et 1 Gbps (en FDDI ou Gigabit Ethernet par exemple). La taille d'un réseau local peut atteindre jusqu'à 100 voire 1000 utilisateurs.

En élargissant le contexte de la définition aux services qu'apporte le réseau local, il est possible de distinguer deux modes de fonctionnement :

Dans un environnement d'« égal à égal » (en anglais peer to peer, noté P2P), dans lequel la communication s'établit d'ordinateur à ordinateur sans ordinateur central et où chaque ordinateur possède un rôle similaire.

Dans un environnement « client/serveur », dans lequel un ordinateur central fournit des services réseaux aux utilisateurs.

Ethernet :

Ethernet (aussi connu sous le nom de norme IEEE 802.3) est un standard de transmission de données pour réseau local basé sur le principe suivant :

Tous les ordinateurs d'un réseau Ethernet sont reliés à une même ligne de transmission, et la communication se fait à l'aide d'un protocole appelé CSMA/CD (Carrier Sense Multiple Access with Collision Detect) ce qui signifie qu'il s'agit d'un protocole d'accès multiple avec surveillance de porteuse (Carrier Sense) et détection de collision.

Avec ce protocole toute machine est autorisée à émettre sur la ligne à n'importe quel moment et sans notion de priorité entre les machines. Cette communication se fait de façon simple :

Chaque machine vérifie qu'il n'y a aucune communication sur la ligne avant d'émettre

- Si deux machines émettent simultanément, alors il y a collision (c'est-à-dire que plusieurs trames de données se trouvent sur la ligne au même moment)
- Les deux machines interrompent leur communication et attendent un délai aléatoire, puis la première ayant passé ce délai peut alors réémettre

Ce principe est basé sur plusieurs contraintes :

- Les paquets de données doivent avoir une taille maximale
- il doit y avoir un temps d'attente entre deux transmissions

- Le temps d'attente varie selon la fréquence des collisions
- Après la première collision une machine attend une unité de temps
- Après la seconde collision la machine attend deux unités de temps
- Après la troisième collision la machine attend quatre unités de temps... avec bien entendu un petit temps supplémentaire aléatoire.

La Technologie LAN FDDI :

La technologie LAN FDDI (Fiber Distributed Data Interface) est une technologie d'accès au réseau sur des lignes de type fibre optique. Il s'agit en fait d'une paire d'anneaux (l'un est dit "primaire", l'autre, permettant de rattraper les erreurs du premier, est dit "secondaire"). Le FDDI est un anneau à jeton à détection et correction d'erreurs (c'est là que l'anneau secondaire prend son importance).

Le jeton circule entre les machines à une vitesse très élevée. Si celui-ci n'arrive pas au bout d'un certain délai, la machine considère qu'il y a eu une erreur sur le réseau.

WLAN :

Le réseau local sans fil (noté WLAN pour Wireless Local Area Network) est un réseau permettant de couvrir l'équivalent d'un réseau local d'entreprise, soit une portée d'environ une centaine de mètres. Il permet de relier les terminaux présents dans la zone de couverture. Il existe plusieurs technologies concurrentes :

Le Wifi offre des débits allant jusqu'à 54Mbps sur une distance de plusieurs centaines de mètres.

hiperLAN2 (High Performance Radio LAN 2.0, norme européenne) permet d'obtenir un débit théorique de 54 Mbps sur une zone d'une centaine de mètres dans la gamme de fréquence comprise entre 5 150 et 5 300 MHz.

La figure ci-dessous montre les différentes caractéristiques de chaque technologie :

Standard	Bande de fréquence	Débit	Portée
WLAN norme IEEE 802.11a	5 GHz	32 Mbit/s	50 m
WLAN norme IEEE 802.11b	2,4 GHz	5 Mbit/s	50 m
WiMAX fixe IEEE 802.16	2 - 11GHz	75 Mbit/s	10 Km
WiMAX mobile IEEE 802.16e	2-6 GHz	30 Mbit/s	3,5 Km
Redline AN-50^e	5.4 - 5.8 GHz	72 Mbit/s	80 km

<u>Tableau : Caractéristiques des technologies WLAN</u>

MAN :

Les MAN (Métropolitain Area Network, réseaux métropolitains) interconnectent plusieurs LAN géographiquement proches (au maximum quelques dizaines de kilomètres) à des débits importants. Ainsi, un MAN permet à deux noeuds distants de communiquer comme si ils faisaient partie d'un même reseau local.

Un MAN est formé de commutateurs ou de routeurs interconnectés par des liens hauts débits (en général en fibre optique).

WiMAX

WiMAX (acronyme pour Worldwide Interoperability for Microwave Access) est une famille de normes, certaines encore en chantier, définissant les connexions à haut-débit par voie hertzienne. C'est également un nom commercial pour ces normes, comme l'est Wi-Fi (Le wifi ou Wi-Fi (prononcé /wifi/) est une technologie de réseau informatique sans fil mise en place pour fonctionner...) pour 802.11 (la Wi-Fi Alliance est en cela comparable au WiMAX Forum). Il représente une réponse pour des connexions sans-fil à haut-débit sur des zones de couverture de plusieurs kilomètres, permettant des usages en situation fixe ou en mobilité.

WiMAX utilise des technologies hertziennes destinées principalement à des architectures point-multipoint : à partir d'une antenne (En radioélectricité, une antenne est un dispositif permettant de rayonner (émetteur) ou de capter (récepteur) les ondes...) centrale, on cherche à toucher de multiples terminaux.

WiMAX promet des débits de plusieurs dizaines de mégabits/seconde sur des rayons de couverture de quelques dizaines de kilomètres (Le mètre (symbole m, du grec metron, mesure) est l'unité de base de longueur du Système international. Il est défini...). WiMAX s'adresse notamment au marché des réseaux métropolitains, le MAN (métropolitain area network) de HiperMAN.

Cette multiplicité des bandes de fréquences visées, des débits, portées et usages possibles, est d'ailleurs le principal écueil qu'affronte le commentateur : selon l'angle choisi, WiMAX est tour à tour un simple prolongement du Wi-Fi (le Wi-Fi du futur), le cœur de réseau (Un réseau informatique est un ensemble d'équipements reliés entre eux pour échanger des informations. Par analogie avec...) du Wi-Fi (sa destinée la moins passionnante), ou mieux, la convergence du Wi-Fi et du réseau cellulaire de troisième génération (UMTS, dite « la 3G »).

WAN

Un WAN (Wide Area Network ou réseau étendu) interconnecte plusieurs LANs à travers de grandes distances géographiques de l'ordre de la taille d'un pays ou d'un continent.

Les débits disponibles sur un WAN résultent d'un arbitrage avec le coût des liaisons (qui augmente avec la distance) et peuvent être faibles.

Les WAN fonctionnent grâce à des routeurs qui permettent de "choisir" le trajet le plus approprié pour atteindre un noeud du réseau.

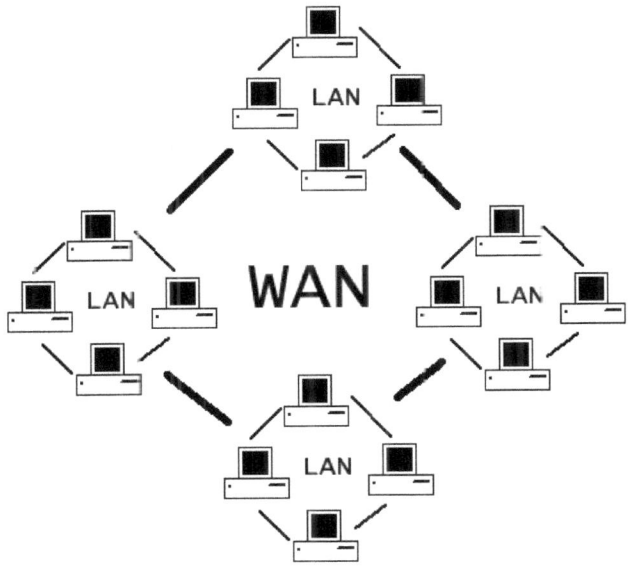

Figure : Structure du réseau WAN

Définition du PABX :

Commutateur téléphonique qui, à l'intérieur d'une entreprise, gère de manière automatique les communications entre plusieurs postes et qui sert à établir celles avec l'extérieur. Le sigle PABX IP désigne un autocommutateur capable d'acheminer sur un réseau utilisant le protocole IP la voix et les données.

Les fonctionnalisées des PABX :

- Il permet le lien entre le réseau téléphonique de l'opérateur et les communications effectuées par les salariés
- Il gère une messagerie vocale si le correspondant est absent
- Il peut traiter la voix et les données, comme la télécopie
- Il fonctionne avec des postes téléphoniques analogiques ou numériques (RTC et Numeris)

Quel que soit le nombre de postes reliés à un PABX, il est généralement supervisé par une unité centrale (CPU) sous Windows, Unix/Linux ou système propriétaire.

Le PABX A4400 regroupe plusieurs types de cartes telles qu'il est montré dans la figure :

Figure : PABX

- **CPU** : processeur du PABX
- **NDDI** : les lignes entrantes de Maroc Télécom.
- **Z24** : les lignes Analogiques.
- **UA32** : les lignes numériques.
- **LIOE** : compression de la voie vers les sites distants
- **INTOF** : relie le PABX avec le voice hub.
- **BPRA2** : carte où l'on intègre la tranche SDA de Maroc télécom pour connecter un accès primaire T2 et l'accès basique T0.
- **VPS** : pour les messageries vocales.
- **VG** : pour détecter des multi fréquences R2 (GMF), des guides parlants et détecter des multi fréquences.
- **N*64** : permet d'élargir les capacités réseau du système.
- **IO2** : permet la concentration, la commutation et la diffusion des données (32 canaux D simultanés)
- **PRA2** : (Primary Rate Access) permet de connecter le système au réseau à travers un accès primaire (T2). A LYDEC, la carte PRA2 garantie la liaison FHZ (faisceau hertzien) avec les délégations.

- **MMSFD** : permet la sauvegarde de la base de données
- **ECX** : permet une connexion entre le PABX et un hub ou un Switch.

Equipements sur réseaux ETHERNET :

HUB :

Figure : HUB CISCO

Le HUB est un simple répéteur multiports, il recopie instantanément (délai environ 1 bit) ce qu'il reçoit sur un de ses ports sur ses autres ports. Une collision générera un brouillage vers tous les ports.

Il existe des HUB 10 Mbit/s et des HUB 100 Mbit/s. En général les HUB 100 Mbit/s détectent automatiquement le débit et fonctionnent entièrement (!!) à 10 Mbit/s si une des stations ne connaît que ce débit. Reconnaissance de débit :

• NLP (Normal Link Pulse) : En 10BASE-T, une impulsion est émise toute les 16ms (±8ms) pour effectuer un test d'intégrité de la liaison station-HUB. A sa mise sous tension, une station rend ainsi actif le port du HUB sur lequel elle est connectée.

• FLP (Fast Link Pulse) : En 100BASE-T, l'impulsion NLP est remplacée par une série de brèves impulsions (62,5µs) reconnues pas un port 100Mbit/s mais interprété comme un NLP par un port 10Mbit/s Une impulsion sur deux peut être présente/absente pour indiquer des données de configuration (16 bits pour débit, duplex, contrôle distant...).

Certains HUB acceptent le « full-duplex ».

Une option administration à distance par le protocole SNMP est parfois proposée, elle permet de contrôler le HUB (état, mise en/hors service d'un port...).

Full-duplex :

Apparu en 1996 (802.3x) le fonctionnement en «full-duplex » est possible sur certaines cartes réseaux ou équipements, l'ensemble de la chaîne doit être compatible avec ce mode. Afin d'éviter la congestion il est alors nécessaire de mettre en œuvre un contrôle de flux (« flow control »).

Ce mode n'est en général utilisé que pour raccorder des équipements distants par un lien type « point à point » (inter-bâtiment...).

Pont :

Le pont travaille au niveau 2 et permet de séparer les domaines de collision. Il est filtrant : il mémorise la trame et ne le retransmet de l'autre côté que si c'est nécessaire.

Les « broadcast » sont transmis. En cas de bouclage du réseau on risque un nombre de retransmission infini !

Auto-apprentissage :

• A la mise en place les tables sont vides : retransmission systématique.

• L'adresse MAC de l'émetteur de chaque trame est enregistrée dans la table du port concerné.

• L'enregistrement de l'adresse MAC est daté afin d'invalider les entrées périmées (déplacement d'une station).

Routeur :

Figure : Routeur CISCO

Un routeur est un élément intermédiaire dans un réseau informatique assurant le routage des paquets. Son rôle est de faire transiter des paquets d'une interface réseau vers une autre, selon un ensemble de règles formant la table de routage.

Les routeurs interviennent au niveau 3. Ils séparent complètement les réseaux et filtrent les « broadcast ».

Une station qui veut communiquer avec un autre réseau (niveau 3) transmet ses données au routeur (MAC destinataire = celle du routeur). Si le port de sortie est aussi sur Ethernet, le routeur reconstruit une trame avec en destinataire MAC celle du routeur suivant ou celle de la station destinataire si elle se trouve sur ce port.

Commutateurs (switches) :

Figure : SWITCH CISCO

Un commutateur réseau (en anglais, switch) est un équipement qui relie plusieurs segments (câbles ou fibres) dans un réseau informatique. Il s'agit le plus souvent d'un boîtier disposant de plusieurs (entre 4 et 100) ports Ethernet. Il a donc la même apparence qu'un concentrateur (hub).

Contrairement à un concentrateur, un commutateur ne se contente pas de reproduire sur tous les ports chaque trame qu'il reçoit. Il sait déterminer sur quel port il doit envoyer une trame, en fonction de l'adresse à laquelle cette trame est destinée. Les commutateurs sont souvent utilisés pour remplacer ces concentrateurs.

Contrairement à un routeur, un commutateur de niveau 2 ne s'occupe pas du protocole IP. Il utilise les adresses MAC et non les adresses IP pour diriger les données. Les commutateurs de niveau 2 forment des réseaux de niveau 2 (Ethernet). Ces réseaux sont reliés entre eux par des routeurs (ou des commutateurs de niveau 3) pour former des réseaux de niveau 3 (IP).

◊ Ils permettent de relier plusieurs segments physiques (10 ou 100 Mbit/s).

◊ Il peut y avoir une ou plusieurs stations par port.

◊ La commutation se fait au niveau MAC

◊ Plusieurs communications simultanées peuvent avoir lieu dans le commutateur si les stations concernées sont différentes.

◊ La commutation est dynamique et automatique (via un BUS très haut débit).

◊ Deux modes de commutation :

• « Store and forward » la trame est mémorisée puis transmise.

• « Cut throught » dès la connaissance de l'adresse destinataire, la trame est transmise.

OFDM

L'OFDM (Orthogonal Frequency Division Multiplexing) est un procédé de codage de signaux numériques par répartition en fréquences orthogonales sous forme de multiples sous-porteuses.

DMT (Discrete Multi Tone) et COFDM (Coded Orthogonal Frequency Division Multiplexing) désignent le même principe (avec en plus un codage de l'information pour ce dernier).

L'OFDM est un procédé de codage numérique des signaux qui est utilisé entre autres pour les systèmes de transmissions mobiles à haut débit de données. L'OFDM est particulièrement bien adapté aux canaux de transmission radio sur longues distances sans transmissions d'onde multiples (échos), il permet alors de réduire sensiblement les interférences inter-symboles. Par contre il peut devenir inutilisable dans le cas où les échos sont forts, il faut alors utiliser COFDM.

L'OFDM (ou une technique comparable) est utilisé dans :

* la télédiffusion numérique terrestre (DVB-T, DVB-H) ;
* la radiodiffusion numérique terrestre DAB ;
* la radiodiffusion numérique terrestre T-DMB ;
* la radiodiffusion numérique DRM ;
* les liaisons filaires : ADSL, VDSL, modem sur courant porteur (Homeplug), modem câble (Standard Docsis) ;
* les réseaux sans-fils basé sur les normes 802.11a, 802.11g, 802.11n (Wi-Fi), 802.16 (WiMAX) et HiperLAN ;
* les réseaux mobiles de nouvelle génération (4G).

Le principe de l'OFDM consiste à répartir sur un grand nombre de sous-porteuses le signal numérique que l'on veut transmettre. Comme si l'on combinait le signal à transmettre sur un grand nombre de systèmes de transmission (des émetteurs, par exemple) indépendants et à des fréquences différentes.

Pour que les fréquences des sous-porteuses soient les plus proches possibles et ainsi transmettre le maximum d'information sur une portion de fréquences donnée, l'OFDM utilise des sous-porteuses orthogonales entre elles. Les signaux des différentes sous-porteuses se chevauchent mais grâce à l'orthogonalité n'interfèrent pas entre elles.

ANNEXE 2

REDLINE :

Cette technologie utilise des normes fondées sur la large bande et des solutions d'accès sans fil utilisant l'industrie OFDM (annexe) pour raccorder des points dont la distance varie de quelques centaines de mètres à quelques dizaines de Km. Par exemple un immeuble collectif à un point d'accès du réseau d'un opérateur, ou deux immeubles entre eux.

L'AN-50e est configuré pour le fonctionnement point à point (PTP) avec des possibilités d'opération point à multipoint (PMP), en adaptant les fonctions backhaul (transport du trafic de voix et de données d'un emplacement de cellules au commutateur) et d'accès. Ce système est la première véritable industrie de haute performance et de capacité élevée dans les plat-forme multiservices OFDM.

Il peut être équipé d'une antenne à faisceau étroit pour fournir une directivité élevée pour des opérations à longue portée allant jusqu'à 80 kilomètres dans le cas de la visibilité directe.

L'AN-50e fournit un débit maximal allant jusqu'à 72 Mbps, équivalent à 49 Mbps au niveau Ethernet, avec une grande capacité de transmission même dans le cas du non visibilité directe (NLOS).

<u>Equipement REDLINE :[2]</u>

Le système REDLINE est composé de deux équipements:
> Indoor unit : comporte un équipement REDLINE ANSOE en liaison directe avec le routeur qui mène au LAN et de l'autre coté via un câble IF vers la radio qui va délivrer la fréquence dans laquelle on travaille.

Figure 13 : La partie Indoor du Redline

> Outdoor unit : cette unité contient la partie radio logé sur l'antenne avec un porté de 80 Km en LOS.

Figure 14 : La partie Outdoor du Redline

ANNEXE 3

Lotus Notes

Lotus Notes est un logiciel de travail collaboratif, utilisé dans des entreprises ou des administrations pour gérer les projets, les courriels et les échanges d'informations autour d'une base commune.

Lotus Notes	
Développeur	IBM
Dernière version	8.5 (le 6 janvier 2009) [+/-]
Environnement	Microsoft Windows, Mac OS, GNU/Linux
Langue	multilingue
Type	groupware
Licence	propriétaire Windows Linux

Figure : Lotus Notes

Objectifs de Lotus Notes

Conforté par la notion de sécurisation des données, respect et confidentialité des informations utilisées ou fournies par les utilisateurs. L'identité des utilisateurs est garantie par la mise à disposition d'un certificat au sein du carnet d'adresse d'un domaine Notes et fourni à l'utilisateur sous la forme d'un fichier d'identification qui est utilisé dans le fonctionnement du client de messagerie et/ou du client collaboratif. Toutes les actions de modifications des utilisateurs sur les documents Notes sont tracées par l'intégration au sein du document du "timbre d'identité" de l'utilisateur.

Technologies liées

Le serveur Domino comprend un serveur de pages Web, des serveurs POP3, IMAP et SMTP — pour la gestion de la messagerie —, un annuaire intégré, un agenda collectif, un gestionnaire de documents organisé en base (base documentaire). La structure de ces bases de données non relationnelles et les évènements interactifs qui lui sont associés sont programmables en langage Lotus script, en langage de formules Lotus, en javascript ou en Java.

Domino peut être couplé à d'autres produits IBM rajoutant de nouvelles fonctionnalités.

On peut citer parmi eux :

* Lotus QuickR : bibliothèques de contenu, espaces de travail virtuel, référentiels de contenu, gabarit d'application et Fils RSS/ATOM. Ce produit est une évolution du produit Quickplace qui apporte principalement la notion de connecteur permettant une intégration des bases QuickR dans l'explorateur de Windows et notamment dans les produits bureautiques. Les connecteurs permettent la lecture, la modification et/ou la réservation en écriture des documents stockés dans les bases QuickR.

* Lotus Connections : permet de développer un réseau social d'entreprise. Recherche de personnes par expertise, envoi d'un message instantané, création de communauté thématique, liste de signets partagés, blog collaboratif et gestion d'activités communes.

* Lotus Sametime : permet de communiquer instantanément avec les collaborateurs et d'organiser des réunions. Celles-ci peuvent être diffusées ou interactives au moyen de la discussion en ligne, des fonctions audio et vidéo de l'ordinateur et par le biais de conférences téléphoniques. Sametime est basé sur le standard ouvert SIP/SIMPLE.

* Lotus Forms : création et routage de formulaires Web.

* Lotus Traveler : socle sur terminaux mobiles, permettant l'accès aux fonctionnalités des produits Lotus.

Applications possibles

De nombreuses applications sont possibles à partir de ce logiciel. On peut en effet construire un Intranet uniquement à partir de Lotus Domino. Il est également possible de créer des applications de groupware, par l'échange de documents entre les différents clients. On peut enfin développer et héberger un site Web sur le serveur Domino. Quand cet outil avait une relative notoriété dans le monde de l'entreprise (à la fin des années 1990), IBM affirmait que les entreprises pouvaient entièrement construire leur système d'information autour de cette plate-forme.

ANNEXE 4

Matrice de Compatibilité

Objectif :

C'est un outil classique de gestion de la qualité et d'aide à la prise de décision qui permet de retenir un choix entre plusieurs solutions, en fonctions de critères établis.

Principe :

La matrice de compatibilité se présente sous la forme d'un tableau à deux entrées. Les lignes concernent les critères de choix et les colonnes concernent les solutions, problèmes ou actions d'amélioration :

- Définir les critères de choix (coût, délai, efficacité…).

- Lister les problèmes, solutions ou actions à entreprendre.

- Evaluer les solutions en utilisant la matrice de compatibilité. Cette méthode consiste à évaluer la compatibilité des solutions avec les critères qui ont été définis, et de reporter le résultat dans un tableau en utilisant les signes suivants :

+   Compatibilité entre critère et sujet.

-     Incompatibilité entre critère et sujet.

?   Relation inconnue ou ne pouvant être tranchée.

Rien   Indépendance entre critère et sujet.

Conclusion :
Les problèmes ou solutions ne répondant pas à un ou plusieurs critères sont éliminés. Ceux répondant à la plupart ou à tous les critères sont retenus.

Exemples :

La secrétaire du Directeur doit préparer le déplacement de celui-ci et de toute son équipe entre Casablanca et Tanger.

- Critères de sélection : coût, rapidité, confort et sécurité.
- Solutions de transport possibles : train, avion, bateau ou voiture.
- Matrice de compatibilité :

	Train	Avion	Bateau	Voiture
Coût	+	-	+	+
Rapidité	+	+	-	-
Confort	+	+	?	-
Sécurité	+	+	+	-

Conclusion : La solution du transport par train satisfait tous les critères. Si plusieurs solutions étaient possibles, une analyse pondérée est nécessaire pour choisir la meilleure solution.

BIBLIOGRAPHIE :

[1] : http://www.lydec.ma/

[2] : http://www.redlinecommunications.com/

[3] : http://fr.wikipedia.org

[4] : http://www.rte-software.com/fr/rtefax_default.asp

[5] : http://www.serveurfax.fr/retour_investissement.htm

[6] : www.iaat.org/telechargement/guide_methodo/5_6_matrice_compatibilite.pdf

Oui, je veux morebooks!

I want morebooks!

Buy your books fast and straightforward online - at one of the world's fastest growing online book stores! Environmentally sound due to Print-on-Demand technologies.

Buy your books online at
www.get-morebooks.com

Achetez vos livres en ligne, vite et bien, sur l'une des librairies en ligne les plus performantes au monde!
En protégeant nos ressources et notre environnement grâce à l'impression à la demande.

La librairie en ligne pour acheter plus vite
www.morebooks.fr

OmniScriptum Marketing DEU GmbH
Heinrich-Böcking-Str. 6-8
D - 66121 Saarbrücken
Telefax: +49 681 93 81 567-9

info@omniscriptum.com
www.omniscriptum.com

Printed by Books on Demand GmbH, Norderstedt / Germany